Markus Hofmann

DENKEN SIE NEU

Mentales Überlebenstraining in der digitalen Welt

südwest

IMPRESSUM

ISBN: 978-3-517-08058-1

1. Auflage
© 2014 by Südwest, einem Unternehmen der Verlagsgruppe
Random House GmbH, 81673 München.

Hinweis: Das vorliegende Buch ist sorgfältig erarbeitet worden. Dennoch erfolgen die Angaben ohne Gewähr. Weder der Autor noch der Verlag und seine Mitarbeiter können für eventuelle Nachteile oder Schäden, die aus den im Buch gegebenen Hinweisen resultieren, eine Haftung übernehmen.

Redaktionsleitung: Silke Kirsch
Textcoaching: Gertrud Teusen in Kooperation mit Isabella Kortz
Projektmanagement und Redaktion: Das „andere" Redaktionsbüro München, unter Mitarbeit von Susanne Schneider, Annette Hildebrand und Antonia Lesch – www.buchcoaching.de
Korrektorat: Barbara Kohl, Fürth
Layout und Satz: Katja Muggli, www.katjamuggli.de
Umschlaggestaltung: *zeichenpool, München
Druck und Verarbeitung: GGP Media GmbH, Pößneck

Printed in Germany

Verlagsgruppe Random House FSC® N001967
Das für dieses Buch verwendete FSC®-zertifizierte Papier *Munken premium cream* liefert Arctic Paper Munkedals AB, Schweden

VORWORT: **Denken Sie neu**
Seite 4

KAPITEL 1: **Digitale Demenz?**
Seite 9

KAPITEL 2: **Wir sind online – und wo seid Ihr?**
Seite 25

KAPITEL 3: **Weil unser Kopf nicht Google ist ...**
Seite 51

KAPITEL 4: **iPhone – also bin ich?**
Seite 85

KAPITEL 5: **Mit Kreativität gegen das Vergessen**
Seite 111

KAPITEL 6: **Social Media – das virtuelle Parallel-universum**
Seite 137

KAPITEL 7: **Mentale Fitness: einfach unvergesslich**
Seite 151

KAPITEL 8: **Lernen – kann man lernen**
Seite 171

NACHWORT: **Total digital?**
Seite 205

DANKSAGUNG
Seite 208

Denken Sie neu!

Zwei kurze Frage vorweg: Gehören Sie auch zu den Menschen, die sich Namen oder Gesichter einfach nicht gut merken können? Kennen Sie Ihre Telefonnummern auswendig oder die Ihres Partners/Ihrer Partnerin? Nein?
Ich kann Sie trösten: Damit sind Sie nicht allein! Dann geht es Ihnen so wie vielen anderen auch. Denn dieses Phänomen ist sehr weit verbreitet. Und zwar nicht erst seit der zunehmenden Digitalisierung unserer Gesellschaft und der Welt. Sie können – und das sollten Sie auch! – Ihr Gedächtnis trainieren wie einen Muskel. Ebenso wie beim Sport alles vom gesunden und regelmäßigen Trainieren abhängt, genauso ist es auch mit unserem Gehirn. Ihre Gedächtnisleistung wird stärker, je öfter Sie Ihr Gehirn mit Merk- und Denkaufgaben herausfordern.

Wer rastet, der rostet – das gilt auch für Ihr Gehirn!
2012 führte Professor Manfred Spitzer den Begriff „Digitale Demenz" ein, der erfreulicherweise die Aufmerksamkeit für das Thema Gedächtnistraining erhöht hat. Und das wiederum ist mein Spezialgebiet, darin bin ich Experte.

Mein Ansatz und meine Haltung zur Digitalisierung unterscheiden sich allerdings von den Einstellungen Spitzers. Ich bin, das gebe ich zu, kein großer Freund seines „Angstwortes". Fakt ist: Selbst nach einem Forschungszeitraum von inzwischen über 15 Jahren – ja, so lange sind wir schon „online"! – sind gravierende Veränderungen im Gehirn kaum feststellbar. Könnte die Angst vor der digitalen Demenz womöglich nur ein Bauchgefühl sein?

„Ohne Computer, Smartphone und Internet geht heute gar nichts mehr", so Spitzer. Das stimmt natürlich. Aber genauso wenig geht heute etwas ohne Strom oder ohne Transportmittel wie Autos und Flugzeuge.

Nach all den Jahren, in denen wir alle bereits im Internet unterwegs sind, können wir uns den immer rasanteren Entwicklungen unserer zunehmend digitalisierten Welt nicht entziehen – und sollten das auch keinesfalls propagieren. Wissen Sie warum? Weil unsere digitale Zukunft wesentlich mehr Chancen als Risiken bietet! So ist nicht von nicht von der Hand zu weisen, dass Handys uns viele Merk- und Denkleistungen erleichtern und zum Teil auch abnehmen. Wenn Sie beispielsweise zum Zahnarzt müssen oder ein wichtiges Geschäftsessen haben, können Sie Ihr Handy so einstellen, dass es rechtzeitig „Alarm" schlägt: es piepst und erinnert Sie an Ihre Termine. Ohne, dass Sie selbst daran denken müssen. Auch Telefonnummern brauchen Sie nicht mehr auswendig kennen, sie sind ja schließlich in Ihrem Handy abgespeichert und auf Knopfdruck oder per „touch" verfügbar. Wie praktisch!

Wer überlässt das Denken, Merken und Erinnern nicht gerne anderen oder besser noch: einem zuverlässigen Gerät? Aber muss das gleich bedeuten, dass wir alle verdummen? Macht uns die Zukunft nach der digitalen Revolution tatsächlich dumm? Entspannen Sie sich. Meine klare Antwort darauf lautet: NEIN! Handys, Computer, Internet & Co. erweitern lediglich unsere Möglichkeiten, wenn man sie maßvoll und richtig einsetzt. Längst ersetzen sie nicht nur Adressbücher, Notizzettel oder gedruckte Terminkalender –

nein, die Digitalisierung bringt auch ein unerschöpfliches Potenzial zur Wissenserweiterung und zum Lernen mit sich. Unser Gehirn wird durch das Internet niemals ersetzt werden! Mein Beitrag für Sie mit diesem Buch ist, Ihnen Alternativen und Übungen aufzuzeigen, wie Sie Ihr Gedächtnis innerhalb und gerade mithilfe der schnellen digitalen Weiterentwicklungen spielend leicht trainieren und verbessern können. Genau wie in Sachen Gesundheit kommt es auch beim digitalen Konsum auf die Dosis an! Ich werde Ihnen in den nächsten Kapiteln erklären, wie Ihr Gehirn grundsätzlich funktioniert und Ihnen nützliche Instrumente aufzeigen, mit denen Sie den richtigen Ausgleich schaffen. Außerdem zeige ich Ihnen, wie Sie die neuen Möglichkeiten für sich nutzen und Ihre mentale Fitness trainieren, um mit der wachsenden Informationsflut maßvoll umgehen zu können.

Meine Einladung an Sie lautet: Denken Sie um, besser: denken Sie neu! Sie brauchen keine Angst vor Digitaler Demenz zu haben. Blicken Sie vielmehr selbstbewusst und voller Selbstvertrauen in Ihre eigenen Fähigkeiten in die digitale Zukunft.

Dieses Buch sorgt dafür, dass Sie von Tag zu Tag geistig fitter und flexibler werden – vorausgesetzt, Sie befolgen die Trainingstipps in den einzelnen Kapiteln. Lassen Sie sich zu geistigen Höchstleistungen anregen und nehmen Sie die Digitalisierung mit Gelassenheit und Humor. Und sorgen Sie dafür, dass Sie medienkompetent werden. Je medienkompetenter Sie sind, desto weniger Gefahren lauern im Netz auf Sie. Seien Sie wählerisch und fangen Sie am besten noch heute an, Gehirntraining in Ihren Alltag einzubauen! Ich werde Ihnen auf den nächsten Seiten Werkzeuge zur Verfügung stellen, die Digitalisierung als Chance zu nutzen. Ich verspreche Ihnen: Das macht Spaß. Womöglich bedeutet es für Sie auch, dass Sie erst einmal lockerlassen und Ihre Vorurteile beiseite schieben müssen, um sich auf das Ungewohnte und Unbekannte einlassen zu können.

Denn neu denken heißt in erster Linie: neugierig, kreativ, offen und lernbereit zu sein und es stets zu bleiben.
Hört sich doch gut an, oder? Und es lohnt sich – garantiert!

Viel Spaß beim Üben und Ausprobieren!

Ihr Markus Hoffmann

KAPITEL 1:
Digitale Demenz?

....

Das Gehirn wächst mit seinen Aufgaben und verändert sich unser ganzes Leben lang. Mit jeder
positiven und jeder negativen Erfahrung. Die Frage ist: Wenn alles, was wir tun – und auch das, was
wir nicht tun – unser Gehirn beeinflusst: Wirkt sich
dann die Nutzung digitaler Medien unter Umständen auch entsprechend aus? Gibt es so etwas wie
„Digitale Demenz" wirklich? Surfen wir uns tatsächlich dumm? In diesem Kapitel liefere ich Ihnen eine
Alternative: gesunden Menschenverstand und Gedächtnistraining!

....

Gedächtnistraining gegen „Digitale Demenz"

In unserer Gesellschaft gibt es zweifelsohne eine Tendenz zur angstvollen Sorge vor digitaler Demenz – und eine gewisse Skepsis gegenüber der zunehmenden Digitalisierung unserer Lebenswelt. Seit einiger Zeit verunsichert uns das Schreckgespenst „„Digitale Demenz" " – ein Begriff, der von Prof. Manfred Spitzer geprägt wurde. Und so mancher macht sich Sorgen, ob das nicht auch ihn ganz persönlich betrifft. Schließlich ist „Demenz" ein maximal bedrohlicher Begriff, denn dahinter versteckt sich doch eine nachlassende Gehirnleistung. Und die will natürlich keiner erleiden!

Meine Einladung an Sie ist: Haben Sie keine Angst vor digitaler Demenz, denn Sie können Ihr Gehirn ganz gezielt trainieren und der Digitalisierung mit gesundem Menschenverstand und Medienkompetenz begegnen!

Es macht Sinn, dass eine gesellschaftliche Sensibilisierung einsetzt, was das zunehmende und ansteigende Nutzungsverhalten von Internet, Smartphone, Tablet und Social Media betrifft. Noch sinnvoller, als sich einfach nur Sorgen zu machen, ist es in meinen Augen, wenn Sie ganz bewusst gegensteuern und die weltweiten Entwicklungen differenziert betrachten. Wer medienkompetent ist – oder dies aus Eigeninitiative wird –, der kann die Digitalisierung nämlich als persönliche Chance nutzen. Zur Weiterbildung, Vernetzung und als Lebenserleichterung.

Verstehen Sie die Digitalisierung also als Schule – für sich selbst und auch für Ihr Gehirn. Und setzen Sie der „digitalen Demenz" Medienkompetenz und Gedächtnistraining entgegen!

Das Gehirn zu trainieren war immer schon wichtig – auch in der analogen Zeit. Daran hat sich in unserer heutigen digitalen Welt nichts geändert! In diesem Kapitel geht es deshalb um Ihre Fähigkeit, sich zu erinnern und sich wirklich Wichtiges zu merken. Gehirntraining statt digitaler Demenz quasi! Wir schulen Ihr Erinnerungsvermögen, damit Sie mental topfit sind für Ihre Zukunft.

Hier kommen die wichtigsten Gründe, warum Sie am besten noch heute mit dem Gedächtnistraining beginnen ...

Warum Gedächtnistraining?

1. Wer sein Gehirn trainiert, lebt länger gesund.
2. Gehirntraining ist eine Form der Bildung.
3. Geistige Fitness steigert das eigene Wohlbefinden!
4. Ein gutes Gedächtnis ist sexy und macht selbstbewusst.
5. Gehirntraining macht erfolgreicher – sowohl im Berufs- als auch im Privatleben!

Da ich ein Freund der praktischen Umsetzung bin, starten wir jetzt sofort mit einer Übung. Mit einem Warm-up für Ihr Gehirn: einer Übung zur geistigen Aktivierung.

....

ÜBUNG
Geistige Aktivierung

....

Setzen Sie sich hin (oder bleiben Sie sitzen, falls Sie schon sitzen). Heben Sie Ihr rechtes Bein an. Malen Sie mit Ihrem rechten Fuß die Ziffer 6 in die Luft.

Einfach, oder? Machen Sie trotzdem weiter! Zeichnen Sie immer wieder mit Ihrem Fuß eine 6 in die Luft.

Prima. Danke. Sie dürfen damit kurz pausieren.

Nun heben Sie bitte Ihren rechten Arm Richtung Zimmerdecke und malen Sie mit der rechten Hand eine 9 in die Luft.

Sehr gut. Danke.

Und jetzt nehmen Sie wieder Ihr Bein dazu. Malen Sie gleichzeitig mit dem Fuß eine 6 und mit der Hand eine 9 – also zwei gegensätzliche Bewegungen.

Unten die 6 und oben die 9.

Na, klappt's?

Klingt zwar leicht, geht aber nicht auf Anhieb. Diese Übung erfordert Konzentration und Koordination! Also müssen Sie sich konzentrieren – und genau diese Konzentration brauchen Sie, wenn Sie Ihren geistigen Energielevel steigern wollen.

....

Das nennt man geistige Aktivierung. Mit dieser Übung haben Sie bereits Ihre ersten Schritte in Sachen Gedächtnistraining gemacht. War ganz leicht, oder? Jetzt sind Ihre grauen Zellen wachgerüttelt – Ihr Geist ist belebt und Sie sind quasi mental aufgewärmt! Das kennen wir ja von Sportlern: Die wärmen sich auch vor jeder Trainingseinheit und jedem Wettkampf auf. Sie strecken und dehnen sich, lockern ihre Muskeln, bevor sie alles geben und aus sich herausholen. Und Sie haben das nun auch mit Ihrem Gehirn getan.

Geistige Aktivierung ist ein wichtiger Schlüssel für mehr Konzentration. Dadurch geben Sie Ihrem Gehirn die nötigen Impulse, damit es auf Hochtouren läuft. Sie erleichtern sich damit den Start in einen effektiven und erfolgreichen Tag – und halten diesen auch geistig besser durch. Während die anderen Kaffee schlürfen, sind Sie auch ohne das braune Gold geistig fit und hellwach.

Mental fit in einer digitalen Welt

Was das Gedächtnis alles leisten kann, fasziniert mich immer wieder aufs Neue. Themen und Forschungsergebnisse rund um das Gehirn, das Gedächtnis, das Erinnern und das Vergessen sind meine Leidenschaft. Gedächtnistraining ist meine größte Stärke – ich habe jahrelang eine Vielzahl an Trainingsmethoden getestet und erforscht. Heute weiß ich daher ganz genau, welche Methoden wofür und vor allem für wen geeignet sind. Sie werden die wichtigsten in diesem Buch kennenlernen und in spielerischen Übungen ausprobieren.

Denn wissen Sie was? Theoretisch könnten Sie sich an alles erinnern, was Sie je gesehen, gehört, gelesen oder auf eine andere Art wahrgenommen haben! Überrascht Sie das? Stellen Sie sich vor, Sie erinnerten sich an alle Titel und Inhalte der Bücher, die in Ihrem Regal stehen – Voraussetzung ist natürlich, Sie haben sie einmal gelesen. Oder an jedes Ereignis eines jeden Tages – mit der korrekten Zuordnung von Datum und Wochentag. Auch an eine komplette Stadt, nachdem Sie einen Rundflug über sie gemacht haben – mit sämtlichen Details: An welchem Haus der Putz abblätterte, wie viele Dachziegel der Schuppen hatte und in welchem Vorgarten Unkraut wuchs. Wie einfach wäre es, wenn Sie sich neue Vokabeln einer neuen Fremdsprache spielend leicht merken könnten?

Das geht! Und ich werde Ihnen zeigen, wie.

Worauf es beim Lernen, Merken, Erinnern und Aufbereiten von Informationen ankommt, ist, dass die Funktionsweise des Gehirns berücksichtigt wird. Je gehirngerechter, desto leichter ist das Merken!

Nicht Ihr Gedächtnis ist also schlecht, Ihnen fehlt womöglich einfach nur die richtige Merk- und Abrufmethode. Auf den nächsten Seiten lernen Sie die Mnemo-Technik und das Majorsystem kennen, die wichtigsten Methoden, um sich Zahlen besser merken zu können. Sie erfahren auch, wie Sie mithilfe von sogenannten Briefkästen, der Loci-Methode oder der Kettenmethode bestimmte Informationen so abspeichern, dass Sie diese wie auf Knopfdruck sofort abrufen können.

Denn Erinnerungen, die uns besonders präsent sind, können bestimmten Bereichen zugeordnet werden beziehungsweise sie lassen sich weiter danach untergliedern, wie sie beschaffen sind.

Diese sechs Bereiche sorgen dafür, dass Sie sich erinnern können

1. Erotik
2. Visualisierung
3. Emotionen
4. Assoziationen und Verknüpfungen
5. Logik
6. Witz

Schon einer dieser sechs Bereiche reicht aus, damit Sie sich eine einprägsame Information merken können! Also lassen Sie uns die einzelnen Stichpunkte einmal unter die Lupe nehmen ...

1. Erotik

Beginnen wir mit dem stärksten Merkmotiv – Sex. Das ist etwas, an das sich der Mensch immer gut erinnert. Ein Beispiel: Sie müssen diese Woche unbedingt noch zur Reinigung fahren, um Ihr Abendkleid dort abzuholen. Damit Sie daran denken und es ja nicht vergessen, könnten Sie sich folgendes Szenario vorstellen (wenn Sie eine Frau sind): Malen Sie sich in Ihrer Fantasie aus, wie Sie nach der Arbeit ins Auto steigen, in dem bereits Ihr (Traum-)Mann auf Sie wartet. Er lächelt Sie verführerisch an. Genau jetzt wünschten Sie, Sie hätten Ihr Kleid schon längst aus der Reinigung abgeholt. Je fantasievoller Sie sich das nun ausmalen, umso größer ist die Wahrscheinlichkeit, dass Sie beim Einsteigen in Ihren Wagen spontan den Impuls bekommen, sofort zur Reinigung zu fahren.

Wenn Sie ein Mann sind und das Abendkleid für Ihre Frau oder Freundin abholen, malen Sie sich aus, wie Sie nach der Arbeit in Ihren Wagen steigen, in dem Ihre Liebste bereits sehnsüchtig auf Sie wartet. Sie sieht umwerfend in dem traumhaften, hautengen Abendkleid aus ...
Ich bin sicher, Ihnen werden weitere äußerst interessante Bilder durch den Kopf schießen ... Erotik ist ein sehr starkes Motiv, mit dem wir uns Dinge merken oder uns besser an bestimmte Sachen erinnern können. Sie müssen ja niemandem erzählen, woran und wie Sie denken ...

2. Visualisierung

Visualisieren ist wieder in Mode gekommen in den letzten Jahren. Gut so! Ihr Gehirn mag nämlich Bilder. Wann immer es möglich ist, verwandeln Sie also abstrakte Informationen, wie zum Beispiel Zahlen, am besten in ein Bild. Was, denken Sie, können Sie sich besser merken: die Zahl 1 – oder ein Einhorn? Die Zahl 2 – oder ein Zwillingspärchen wie das doppelte Lottchen? Unser Gehirn ist darauf angelegt, in Bildern zu denken.

Probieren Sie es aus! Woran denken Sie, wenn ich zu Ihnen sage: „Ich habe gestern keine gelbe Zitrone gesehen." Klar haben Sie die Zitrone gerade trotzdem vor Ihrem geistigen Auge gesehen, oder? Dasselbe passiert, wenn ich Sie auffordere: „Denken Sie nicht an ein Einhorn!" Obwohl ich Ihnen eine Nicht-Information gegeben habe, sehen Sie die Zitrone und das Einhorn.

Als Kinder konnten wir das Denken in Bildern alle ausgezeichnet. Im Laufe des Erwachsenwerdens treten wir immer weiter in die künstliche Welt des Abstrakten ein. Es lohnt sich, in Bildern zu denken und sich diese zunutze zu machen beim Lernen, Merken, Erinnern.

Dynamische Bilder sind einprägsamer. Am besten können Sie sich Bilder merken, die in Bewegung sind. Stellen Sie sich die Zitrone vor, wie sie vom Tisch fällt. Oder das Einhorn, wie es über den Zebrastreifen rennt. Oder die Zwillinge, die lachend Hand in Hand über eine Sommerwiese rennen. In Kapitel 3 gehen wir noch näher auf dieses Phänomen ein und darauf, wie Sie Bilder zur Steigerung Ihrer Gedächtnisleistung nutzen können. Auf Seite 67 zeige ich Ihnen, wie Sie sich mit dieser Technik spielend leicht Ihre Kreditkartennummer oder die PIN Ihrer Bankkarte merken.

3. Emotionen

Besonders emotionale Momente vergisst man nie! Den ersten Kuss, die Geburt eines Kindes, einen errungenen Sieg ...

Emotionen kann man also benutzen, um dem eigenen Erinnerungsvermögen auf die Sprünge zu helfen.

Beim Duft von frisch gemahlenem Kaffee müssen Sie vielleicht automatisch an Ihre Großmutter denken. Beim Anblick von Styropor bekommen Sie eine Gänsehaut und beim Quietschen von Autoreifen schiebt sich das Bild eines Auffahrunfalls vor Ihr inneres Auge.

Jede Information, die Emotionen auslöst, spricht auch Ihre fünf Sinne an: Sehen, Hören, Schmecken, Tasten, Riechen. Also Augen, Ohren, Zunge, Haut und Nase. Und genau darin liegt das Geheimnis: Damit haben Sie fünf Möglichkeiten, die Sie zu vielen Varianten kombinieren und emotionalisieren können. Mehr dazu erfahren Sie in Kapitel 3 ab Seite 51.

4. Assoziationen und Verknüpfungen

Steigen wir mit einem Beispiel ein: Nehmen wir an, Sie wollen eine Liste von Dingen aus dem Supermarkt mitbringen: Tee, Tomatensoße, Oliven und Kakao etc. Das geht wesentlich einfacher, wenn Sie die Begriffe verknüpfen. Aus Teebeutel und Tomatensoße wird: Tomatentee. Am besten stellen Sie sich diesen Tomatentee auch gleich bildlich vor.

Teebeutel, an denen Tomaten hängen? Und: Kakaooliven. Oliven, die mit einer pudrigen Kakaomasse umgeben sind. So können Sie sich nicht zusammenhängende Begriffe mithilfe von Assoziationen merken. Lustiger und praktischer Nebeneffekt: Die eine oder andere Verknüpfung prägt sich vermutlich auch geschmacklich bei Ihnen ein – und das fördert wiederum die Erinnerung, wenn Sie vor dem Supermarktregal stehen.

5. Logik

Assoziation ist nicht so Ihre Sache? Dann können Sie vielleicht mit Logik punkten. Auch Logik mag unser Gehirn recht gerne – neben all der Kreativität und Fantasie ist sie ihm eine willkommene Abwechslung. Logische Verbindungen zwischen Informationen, logische Abfolgen oder Anordnungen, wiederkehrende Muster und logische Strukturen – die gefallen unserem Gehirn. Erkennen wir sie, kommt es zum Aha-Effekt. Sagt Ihnen zum Beispiel eine Bekannte, ihre Telefonnummer sei 135246 – so werden Sie den logischen Zusammenhang schnell entdecken: Es sind die Zahlen von 1 bis 6. Zunächst die ungeraden, 1, 3 und 5, dann folgen die geraden aufeinander: 2, 4, 6.

Die Struktur muss nicht auf den ersten Blick erkennbar sein. Sobald wir die Logik allerdings erkennen, merken wir uns die Information gut.

Sie wollen sich ein geschichtliches Datum merken? Nehmen wir Martin Luthers Lebensdaten: 1483 geboren, 1517 schlug er die Thesen an, 1534 erschien die Bibel erstmals auf Deutsch. Einfach zu merken mit der Zahl 17:

- 17 Jahre vor 1500 wird Luther geboren.
- 17 Jahre nach 1500 schlägt er die Thesen an.
- Noch einmal 17 Jahre später erscheint die Bibel erstmals auf Deutsch.

Unser Geist jubelt innerlich, wenn er eine solche Logik erkennt. Es kommen positive Emotionen hoch – das Lernen macht Spaß, fällt uns leichter. Manche sogenannte Eselsbrücke hat in der Logik ihren Ursprung.

6. Witz
Humor hilft – immer! Deshalb darf er auch beim Gedächtnistraining nicht fehlen. Er ist eine riesengroße Unterstützung, um sich an Dinge zu erinnern – auch an solche, die vielleicht gar nicht so witzig sind. Denken Sie sich komische Verknüpfungen aus, Bilder, bei denen Sie lachen müssen, Sinneseindrücke, die Sie schmunzeln lassen. Was komisch ist, können wir uns gut merken.

„Kenn i die?", fragt zum Beispiel der Bayer, wenn er aus dem Fenster sieht und eine hübsche Frau vorbeigeht. So kann man sich aber auch den amerikanischen Präsidenten Kennedy gut merken. Wenn Sie viele Bilder miteinander verknüpfen, entsteht daraus eine ganze Geschichte. Ist diese noch humorbehaftet, prägt sie sich umso besser ein.

Davon mal ganz abgesehen, ist Lachen auch gesund und Humor heilt … Und weil es dem Erinnerungsvermögen Spaß macht, solche Geschichten immer wieder aus der Klamottenkiste zu holen, entstehen auch die ewig peinlichen Situationen, wenn Eltern und Großeltern alte Geschichten über ihre nunmehr erwachsenen Kinder auspacken. Nehmen Sie es das nächste Mal mit Humor, der andere kann ja nicht anders, weil sein Gedächtnis diese Erinnerung halt so prominent abgelegt hat.

Ja, Sie merken es schon, beim Gedächtnistraining bin ich in meinem Element. Setzen Sie sich nicht unter Druck. Sie müssen gar nichts können. Sie benötigen keinerlei Vorwissen. Im Gegenteil! Je weniger Vorwissen Sie haben, mit dem Sie einsteigen, und je untrainierter Ihr Gedächtnis ist, desto schneller machen Sie Fortschritte. Wenn Sie also jetzt am Anfang feststellen, „Oje, ich kann mir echt gar nichts merken", gerade dann sollten Sie am Ball bleiben! Ich garantiere Ihnen ständige Aha- und Wow-Effekte!

Zwischen all der Theorie kommt hier nun noch mal eine praktische Übung für Sie:

....

ÜBUNG
Der Zeitungstrick

....

Haben Sie eine Tageszeitung oder eine Zeitschrift griffbereit? Bitte nehmen Sie diese zur Hand und drehen Sie sie auf den Kopf. Nun nehmen Sie sich einen Stift und streichen alle „e" im Text durch. Und zwar so schnell und konzentriert Sie können!

Sobald Sie sicher sind, dass Sie alle „e" erwischt haben, drehen Sie die Zeitung wieder richtig herum und prüfen nach.

Na, haben Sie es geschafft? Haben Sie alle „e" erwischt?

Falls (noch) nicht, bleiben Sie dran mit dem regelmäßigen Training. Denn diese kleine Alltagsübung sorgt für bessere Konzentration und schnelleres Erfassen!

....

Gedächtnistraining plus Medienkompetenz

So lautet mein Angebot an Sie und mein Ausweg aus der „Digitalen Demenz": je fitter Ihr Gedächtnis und je souveräner Ihr Umgang mit den digitalen Medien ist, desto weniger bedrohliche Risiken lauern auf Sie in der virtuellen Welt.

Das Schöne ist: Gedächtnis- und Gehirntraining können Sie spielend leicht in Ihren Alltag integrieren.

Zum Beispiel so: Wenn Sie das nächste Mal mit dem Auto unterwegs sind, dann versuchen Sie doch einmal, den Weg ohne Navi zu finden. Oder wenn Sie Beifahrer sind: Addieren Sie die Zahlen auf den Autonummernschildern der Fahrzeuge, die vor und neben Ihnen fahren.

Es gibt unendlich viele Möglichkeiten, Ihren Kopf zu 100 Prozent zu fordern und ihn zu trainieren. Putzen Sie sich die Zähne einmal mit der linken Hand (beziehungsweise mit der rechten Hand, wenn Sie Linkshänder sind). Klingt leicht, ist aber eine effektive Übung für Ihre grauen Zellen und sorgt schon morgens für einen geistigen Blitzstart in den Tag.

In den folgenden Kapiteln werden Sie die zwei wichtigsten Fähigkeiten gegen „Digitale Demenz" erwerben:

1. Ein trainiertes Gehirn dank vieler praktischer Übungen und ...

2. Medienkompetenz durch übergreifendes Wissen. Danach kennen Sie sich aus!

Mit Gedächtnistraining und Medienkompetenz sind Sie gewappnet. Damit haben Sie alle Strategien an der Hand, um der scheinbaren Megapräsenz der digitalen Medien die Stirn zu bieten und der digitalen Demenz entgegenzuwirken.

KAPITEL 2:
Wir sind online – und wo seid Ihr?

Es ist schon erstaunlich: Wir befürchten, dass die zunehmende Digitalisierung womöglich zu einer „Verdummung" der nächsten Generationen führen könnte, und vergessen dabei völlig, dass wir ohnehin – jenseits von Internet, Smartphones & Co. – nur einen Bruchteil unseres gesamten geistigen Potenzials nutzen. In diesem Kapitel erfahren Sie, wie „Digital Natives" ticken, was sogenannte Savants sind und wie Ihr Gehirn eigentlich funktioniert.

Der digitale Generationenkonflikt:
„Digital Native" vs. „Digital Immigrant"

Eltern und Kinder pflegen grundsätzlich eine andere, ja geradezu diametrale Umgangsform mit digitalen Medien. Daraus ergibt sich der galaktische Spagat, den es zu überbrücken gilt.

1984, als die Computer für den Hausgebrauch auf den Markt kamen, schrieb die Stiftung Warentest: „Man braucht es nicht, und trotzdem wird es wie verrückt gekauft. Was ist das? Ganz einfach: ein Heimcomputer." Und man kam zu dem Schluss: „Wer auf die elektronische Aufrüstung seines Heimes verzichtet, büßt keine Lebensqualität ein."[1]

Heute, rund 30 Jahre später, würde das wohl kaum jemand unterschreiben, denn wir wissen es inzwischen besser. Mehr als drei Viertel der Deutschen, exakt 82 Prozent, sind jeden Tag im Internet unterwegs. Der Computer sowie Smartphones oder Tablets gehören inzwischen zur Standardausstattung der meisten Haushalte. „Wussten Sie, dass mehr Menschen ein Handy besitzen als eine Zahnbürste?", witzelte der SAP-Vorstandschef William McDermott auf der Hauptversammlung 2012.[2] Ich gestehe: Ich wusste es nicht.

Fakt ist: Analoge Ignoranz hilft nicht wirklich weiter – und Ängste schüren auch nicht.

---

[1] Quelle: www.atari-computermuseum.de/warentest.htm
[2] Spiegel, 27/2012 – Seite 63, Artikel: „Sei doch mal still!"

Generation orientierungslos?

Kinder haben eine wunderbare Eigenschaft: Sie treten neuen Erfahrungen vorbehaltlos entgegen. Die Erwachsenen sind es, die mahnen und warnen, häufig ohne wirklich zu wissen, worum es eigentlich geht. So auch im Falle der Digitalisierung!

Orientierungslos – das sind oft die Erwachsenen beziehungsweise die ältere Generation.

Der amerikanische E-Learning-Experte Professor Marc Prensky prägte 2001 den Begriff der Digital Natives.[3] Prensky beschrieb damit eine Generation, die mit den vielseitigen Anwendungsmöglichkeiten des World Wide Web groß geworden ist. Vergleichbar einer zweiten Muttersprache erlernen sie die Bedeutung von Browsereingaben, das Verwalten und den Umgang mit zahlreichen Daten und Formaten. Spielerisch und ganz ohne Berührungsängste recherchieren sie im größten Informationspool aller Zeiten.

Ihnen gegenüber stehen die Jahrgänge, die vor 1980 geboren wurden: Sie werden als Digital Immigrants bezeichnet. Aufgefallen war Prensky die Kluft zwischen „digitalen Ureinwohnern" und „digitalen Immigranten" an Universitäten und Schulen: In Bezug auf Internet- und Computernutzung stellte Prensky eine Umkehr des Wissenstransfers fest. Die Lernenden erklärten den Lehrenden die Möglichkeiten der digitalen Werkzeuge.

[3] Quelle: manager magazin online, 18.05.2009, Andreas Neef, Willi Schroll und Björn Theis: „Digital Natives – Die Revolution der Web-Eingeborenen"

Mittlerweile allerdings gibt Prensky zu bedenken, dass diese krasse Unterscheidung so heute nicht mehr haltbar ist: Angesichts der digitalen Durchdringung des Alltags verliere die Unterscheidung langsam an Wert. Die Grenzen zwischen den vor und nach 1980 Geborenen verschwimmen – die Immigranten holen scheinbar auf.

Die Betonung liegt auf „scheinbar", denn so richtig funktioniert es doch nicht. Die Sorgen, die wir „Älteren" uns um die digitale Verdummung einer ganzen Generation nach uns machen, sind also eigentlich die Sorge um uns selbst. Wenn Erwachsene auf die Kinder schließen, dann hat sich der Generationenwechsel verkehrt – und es stellt sich die Frage, wer hier von wem noch etwas lernen kann.

Früher war alles besser!?
Ein Credo, das wir noch von unseren Großeltern oder sogar Eltern kennen und das schon damals nicht wirklich stimmte. Früher war nicht alles besser, nur anders.

Als Digital Immigrant fragt man sich ja schon manchmal: Wie konnten wir Kinder der Generation der vor 1980 Geborenen nur so lange überleben? Ganz ohne Smartphone und Internet? Eigentlich ganz einfach. Nämlich so:

In meiner Kindheit spielten wir Kinder noch auf der Straße und „im Dreck". Wir tranken Wasser aus stehenden Gewässern, wenn wir beim Spielen durstig wurden – statt aus PET. Zuhause mussten wir sein, wenn die Kirchturmuhr 18:00 Uhr schlug, der Tante Emma Laden schloss und in den Straßen die Laternen angingen.

Ich liebte großzügig beschmierte Butterbrote und Nudeln mit viel Öl. Sonntags aßen wir Kuchen mit viel Sahne bei Großmutter bis uns schlecht wurde, aber Übergewicht hatten wir deswegen nicht. Die 3 Kilometer zu meinem besten Freund lief ich zu Fuß in den Nachbarort. Klingeln musste ich bei ihm nicht, ich ging durch die Küche rein, denn die Küchentür war immer nur angelehnt. Meine Eltern hatten meistens keine Ahnung, wo ich genau war. Handys besaßen wir alle nicht.

Wir versteckten uns im Heu des benachbarten Bauern, bauten Baumhäuser und kletterten im Wald auf Jagdsitze oder auf dem Feld auf Strohballen. Ski und Fahrrad fuhren meine Freunde und ich ohne Helme. Wenn einer stürzte, tat das noch richtig weh. Wir bauten Flöße aus herumliegenden Hölzern und kenterten damit im Fluss. Wenn es zu regnen anfing, spielten wir weiter und wurden nass – oder stellten uns kurz unter eine Tanne.

Nintendo oder PC-Games existierten in unseren Abenteuerspielen nicht. Wir schrieben auch keine Mails oder chatteten auf Facebook, wir verabredeten uns noch persönlich nach der Schule oder trafen uns im Hof. Beim Völkerball kamen nur die in die Mannschaft, die gut waren. Alle anderen blieben auf der Strafbank hocken. Da lernt man früh, was man kann und was nicht.

Elternabende fanden höchstens nur zweimal im Schuljahr statt. Wer zu blöd für die Klassenarbeit war, fiel eben durch. Wer sich im Unterricht nicht benehmen konnte, flog raus – und im schlimmsten Fall von der Schule.

Wir trugen keine Zahnspangen und konnten auch mit schiefen Zähnen gut kauen. Dafür hatten wir noch Amalgam-Füllungen und Plomben, die öfter einfach rausfielen. Wenn wir beim Klauen im Dorfladen erwischt wurden, kam sofort die Polizei und wir selbst mussten die Verantwortung für unser Fehlverhalten übernehmen. Unsere Eltern nahmen uns nicht in Schutz, sie waren nämlich der gleichen Meinung wie der grüne Freund und Helfer!

Kennen Sie das auch? Kommt Ihnen das bekannt vor? Dann wurden Sie wohl vor 1980 geboren! Herzlichen Glückwunsch. Jetzt dürfen Sie etwas von Ihren Kindern lernen ...

Wir sind online – und wo seid Ihr?

Die digitale Revolution ist nicht nur eine technische, sondern auch eine gesellschaftliche. Vielleicht mögen Sie sich jetzt fragen: Wie ist das denn gemeint? Ganz einfach: Die Generation der Digital Natives, die mit den digitalen Möglichkeiten aufgewachsen ist, lernt, arbeitet, schreibt und interagiert anders als noch die Generationen der digitalen Immigranten zuvor.
Digital Natives treffen und verlieben sich online, sie surfen stundenlang im Internet und finden dort alle Informationen, die Sie brauchen, ja sie kommunizieren sogar im Netz mit Menschen, denen sie real wahrscheinlich noch niemals begegnet sind. Und das Allerbeste daran ist: Sie haben damit scheinbar auch so gar kein Probleme. Ganz im Gegenteil – argumentieren sie selbst jedenfalls – erweitere es ihren Horizont.

Es gibt natürlich einen wesentlichen Unterschied und ebendieser macht eine Verständigung zwischen diesen Generationen so schwierig: Während die „digitalen Immigranten" zwischen virtuell und real deutlich unterscheiden, trennen die Digital Natives off- und online kaum noch voneinander. Was für die einen virtuell ist, ist für die anderen gelebte Realität. Für sie sind digitale Medien nicht nur Kommunikationsmittel, sondern ein sozialer Raum wie die Kneipe an der Ecke, den sie durch Inhalte, soziale Netze und stetige Teilhabe aufbauen, erobern, gestalten und erhalten.

Das Internet ist für sie das Instrument des Wandels, in dem eigene Regeln gelten und das eigene Definitionen von Identität, Freundschaft und Privatsphäre entwickelt. Um es mal ganz drastisch auszudrücken: Viele Digital Natives fühlen sich durch ihre Avatare in Online-Rollenspielen zutreffender repräsentiert als durch ihre reale Person. Und sie empfinden das als völlig normal.

Experten hingegen behaupten, online zu sein bedeute, woanders und nicht bei sich selbst zu sein – und zu viele glauben das. Die jungen Leute sehen das anders und leider machen sich nur wenige „digitale Immigranten" die Mühe, diesen Gedankengängen der Nachfolgegeneration zu folgen.

Veränderung und Innovation

Wenn sich die digitale Lebenswelt den „Älteren" nicht mehr erschließt, bleibt nur die Sorge. „Doch anders als in vergangenen Jahrzehnten, in denen Rock 'n' Roll und Punk nur die Musik verändert haben, stellen die Digitalisierung und die daraus erwachsende Jugendkultur erstmals die gesamten gesellschaftlichen Strukturen nachhaltig auf den Kopf." Philipp Riederle beschreibt dieses Szenario in seinem Buch „Wer wir sind und was wir wollen".[5]

Für die Jungen ist die digitale Welt eine Mitmachkultur. Durch zahlreiche Kreativtools kreieren sie Angebote und Kooperationsmöglichkeiten. Gratis verfügbare Blogs, Tauschbörsen für Fotos, Grafiken und Musik machen den herkömmlichen Dienstleistern Konkurrenz. Zumeist steht dabei gar nicht der Profit, sondern die Bereicherung des digitalen Gemeinwesens im Vordergrund. Und das ist laut Riederle vielleicht der wesentlichste Unterschied: „Die Paradigmen haben sich verschoben, wir kommunizieren nicht vom Sender zum Empfänger, sondern miteinander. Die digitale Welt ist kein Paralleluniversum, sondern es ist unsere Welt, die wir gestalten."

Das Web lässt die Nutzer zu digitalen Produzenten werden, deren selbst generierte Inhalte und Open-Source-Mentalität zunehmend die kostenpflichtigen Angebote ersetzen. „Digital Natives" sehen nicht fern, weil Fernsehen bedeutet, sich einem vorgeschriebenen Programm zu unterwerfen. „Programm" kommt übrigens aus dem Griechischen und bedeutet „Vorschrift". Fernsehen wann und wo man will, lautet die Devise.

Eine Studie des Bundesministeriums für Familie, Senioren, Frauen und Jugend hat belegt, dass gerade einmal 3 Pro-

---

[5] Knaur, 2013, Seite 12

zent der Jugendlichen, die älter als 14 Jahre sind, den Computer mehr als vier Stunden pro Tag für Computerspiele nutzen. 59 Prozent spielen Denk- und Strategiespiele, 18 Prozent nutzen den Computer zur Weiterbildung oder zum Sprachentraining. 96 Prozent der jugendlichen Nutzer von sozialen Netzwerken kennen ihre Internetkontakte auch real. Diese Zahl kann man glauben oder nicht, sie widerspricht jedoch gängigen Klischees.

Die beruhigende Nachricht für alle besorgten digitalen Immigranten lautet: Das Internet ermöglicht und verstärkt soziale Interaktion, es verhindert sie nicht.

Die „Generation online" ist vor allem eins, multitaskingfähig. Diese spezielle geteilte Aufmerksamkeit ist eine Art, Dinge effizienter abzuarbeiten. Die neue Generation ist nicht reizüberflutet, sie sucht und findet und selektiert. Sie wird schneller erwachsen, weil sie Zugang zu allem hat. Digital Natives haben einfach eine andere Erwartungshaltung an die Medien. Ob das nun gut oder schlecht ist, sei einmal dahingestellt. Fakt ist: Wir können es nicht mehr ändern und schon gar nicht verhindern.

Die Digitalisierung der Welt führt zu einer kaum abschätzbaren Generationenbewegung. Und Veränderungen machen Angst.

Es bringt uns ganz sicher nicht um den Verstand und wir werden auch das Denken nicht verlernen, nur weil wir digitale Medien nutzen!

„Unser Gehirn kann zwischen virtuellen und nicht-virtuellen Welten nicht unterscheiden. Es passt sich jedoch zeitlebens seiner Nutzung an", so Neurobiologe Gerald Hüther im Stern Magazin (08/2012). Klingt doch schon mal ganz gut, oder?

Verändert die Digitalisierung das Gehirn?

Diese Frage hat sich so mancher von uns womöglich spätestens seit Prof. Manfred Spitzers Bestseller „Digitale Demenz" (Droemer Knaur, 2012) gestellt. Der Hirnforscher und Psychiater warnt in seinem Buch: „Computer machen süchtig, einsam und dumm." Ist da etwa wirklich was dran? Hat er recht? Ist es berechtigt, den Computer zur Droge zu erklären, die Millionen in die Abhängigkeit und Sucht treibt? Mutiert das Internet zu einem Virus, der uns alle verblöden und vereinsamen lässt? Die berühmten Hirnforscher Michael Madeja [1] und Gerhard Roth [2] beantworten diese Fragen wie folgt:

[1] Nein. Jegliche Tätigkeit verändert zwar den inneren Aufbau unseres Gehirns, denn die Verarbeitung von Informationen führt zu neuen oder veränderten Kontakten zwischen den Nervenzellen. Das Gehirn eines intensiven Internetnutzers wird in einzelnen Hirnabschnitten daher etwas anders sein – genauso wie das Gehirn eines Berufsmusikers, passionierten Lesers oder Autorennfahrers. Diese Veränderungen sind aber so subtil, individuell verschieden und unspezifisch, dass man sie zumindest mit den heutigen Methoden der Hirnforschung nicht erfassen, geschweige denn auf das Surfen im Internet zurückführen kann.[6] [2] Unsere Gedächtnisleistungen sind im Prinzip völlig unbegrenzt.[7]

Damit bestätigen die zwei Hirnforscher, was auch ich selbst während meiner langjährigen Tätigkeit als Gedächtnistrainer immer wieder beobachten durfte. Die Digitalisierung verändert unser Gehirn – und zwar positiv! Denn Tatsache ist: Unser Gehirn ist ein wahres Wunder. Es hat weit mehr Speicherkapazität als ein Computer! Noch vor ein paar Jahren, als die PCs noch weniger leistungsfähig waren, schätzte man die Speicherkapazität des menschlichen Hirns auf 20 Megabyte bis maximal 100 Megabyte. Kurze Zeit später dann auf 400 Megabyte bis 1 Gigabyte. Heute wird die Kapazität auf bis zu 8 Terabyte (8 Terabyte = 8000 Gigabyte) geschätzt. Die Wahrheit ist: Niemand kann es genau sagen. In der Tat hat unser Gehirn eine unvorstellbar große Speicherkapazität, die mit nichts vergleichbar ist.

Ich bin überzeugt, dass man der Besorgnis und Verunsicherung, ob die Digitalisierung uns womöglich dement macht, am besten Wissen und Informationen entgegensetzt. Wer lernt zu verstehen, wie das Gehirn funktioniert, und seinen eigenen Internet- sowie Medienkonsum bewusst steuert, braucht keine Angst vor „digitaler Demenz" zu haben! Deshalb habe ich auf den nächsten Seiten die wichtigsten Informationen rund ums Thema „Gehirn" – und wie es eigentlich wirklich funktioniert – für Sie gesammelt und erläutert.

[6] Quelle: Die Welt Online, 02.01.2013, Norbert Lossau: „Digitale Demenz? Von wegen!"

[7] Quelle: www.fu-berlin.de/sites/immafeier/roth/roth_0203.html

Wie unser Gehirn funktioniert

Das Gehirn ist ein ebenso faszinierendes wie komplexes Thema. Zwar hinkt der Vergleich zwischen dem digitalen Medium Computer und dem menschlichen Gehirn, aber er kann recht hilfreich sein, um die Dimensionen unserer Gehirnleistungen besser zu verstehen. Der wichtigste Unterschied zwischen unserem Gehirn und einem Computer liegt in der Verarbeitung von Informationen. Während das Gehirn parallel arbeitet, tut dies der Computer nämlich seriell. Das wissen wir spätestens, seit der Begriff „Multitasking" in sämtlichen Medien rauf und runter besprochen wurde.

Das bedeutet: Der Computer speichert Informationen einfach ab, unser Gehirn hingegen verarbeitet diese – je nachdem, was wir gerade wahrnehmen oder in dem Moment fühlen. Den größten Unterschied zum Computer finden wir in der menschlichen Empathiefähigkeit, sie verschafft unserem Gehirn einen klaren Vorteil. Die Zellen in unserem Kopf, die dafür zuständig sind, heißen Spiegelneuronen. Sie ermöglichen Ihnen, dass Sie sich in andere hineinversetzen und deren Emotionen miterleben oder nachempfinden können. Dank Ihrer Spiegelneuronen haben Sie Feingefühl und ein Gewissen.

Oder nehmen wir als Beispiel unsere Sprache, sie zeigt, wie komplex wir Menschen ticken. Unter demselben Wort verstehen wir womöglich ganz unterschiedliche Dinge. Jugendliche beispielsweise haben eine eigene „Sprache", mit der sie kreativ auf Situationen eingehen. Wenn „cool" plötzlich nicht passt, dann kann etwas auch „geil" oder „krass" sein. Und zu wem kann ich solche Worte sagen und zu wem lieber nicht? Das sind Dinge, die Computer (bisher) nicht beurteilen können.

Die Hirnforschung weiß, dass nur regelmäßiges Training unser Gehirn in Topform bringt und hält. Warum sollte es mit unserem Hirn auch anders sein als mit unserem Körper? Unsere Muskeln schwinden ja schließlich auch, wenn wir nicht dranbleiben mit dem Sport. Damit unser Gehirn fit bleibt, braucht es ständig Training in Form von neuen Herausforderungen. Wenn Sie ein aktives Leben haben, kann das Ihr Risiko für Demenz vermindern.

Unsere Hirnzellen bleiben nur dann am Leben, wenn sie richtig gefordert werden – wenn Sie immer wieder etwas Neues lernen – zum Beispiel Jonglieren, eine Fremdsprache oder ein Musikinstrument. Erwerben wir neue Fähigkeiten, werden auch die Verknüpfungen zwischen unseren verschiedenen Hirnrealen größer, stabiler und schneller. Unser Gehirn verändert sich unser ganzes Leben lang, denn das Zusammenspiel der Synapsen ist eine Folge von Erfahrungen und Erlerntem.

Sie haben mehrere Hirne im Kopf!
Das Gehirn mit seinen vielen Windungen ähnelt im Aussehen am ehesten einer Walnuss. Seien wir ehrlich: So richtig sexy sieht es ja nicht aus. Es sind drei Pfund graue, gallertartige Masse zusammengepfercht im Schädel. Und warum diese seltsame Form? Nun, in der Evolution wollte das Gehirn schneller wachsen, als der Schädel drumherum es er-

laubte. Und um seine Oberfläche zu vergrößern, hat es sich in sich selbst hineingefaltet. Auseinandergebreitet wäre es so groß wie die Doppelseite einer Tageszeitung. Allerdings bekäme man es nie wieder in diese Originalform zurück – ein Phänomen, das wir alle (zumindest die Prä-Navi-Generation) vom Falk-Stadtplan her kennen. Genau genommen haben wir nicht ein Gehirn, sondern mehrere: ein Großhirn, ein Kleinhirn und ein Stammhirn.

Fakten-Check: GEHIRN

- Gewicht: Frauen = 1.245 Gramm, Männer: 1.375 Gramm. Zum Vergleich: Pottwal: 10 Kilogramm
- 100 Milliarden Nervenzellen
- über 100 Billionen Synapsen
- macht 2,5 Prozent des Körpergewichts aus
- verbraucht 20 Prozent der aufgenommenen Nahrungsenergie und 40 Prozent des Sauerstoffs
- besteht aus zwei Gehirnhälften mit unterschiedlichen Aufgaben (gilt für Rechtshänder, bei Linkshändern ist es genau umgekehrt):

Linke Gehirnhälfte: hauptsächlich für rationales Denken (Logik, Analytik, Mathematik und Sprache) zuständig.

Rechte Gehirnhälfte: steuert Intuition, Kreativität, Gefühle. Speichert Bilder, Symbole, Melodien und Gerüche.

Das Stammhirn

Das Stammhirn ist der Teil, der am Stammtisch aktiv ist. Spaß beiseite. Zugegeben, ein bisschen salopp formuliert, aber es handelt sich um den wohl ältesten Gehirnteil (auch Reptiliengehirn genannt) und am Stammtisch wird oftmals ein prähistorisches Verhalten an den Tag gelegt – oder etwa nicht?

Spaß beiseite: Das Stammhirn regelt nicht nur Körpertemperatur, Herzschlag und Nierenfunktion, sondern trägt auch zu Hunger- und Durstgefühlen sowie zum Schlafrhythmus bei. Der Hirnstamm ist ein längliches Gebilde, das Gehirn und Rückenmark verbindet. Vermutlich ist es der entwicklungsgeschichtlich älteste Gehirnteil. Zu ihm gehören das verlängerte Rückenmark und der Hypothalamus.

Das Großhirn

Das Großhirn unterteilt sich in eine linke und eine rechte Gehirnhälfte. Die linke Gehirnhälfte steht mit der rechten Körperhälfte in Verbindung – und umgekehrt. Die Nervenfasern kreuzen sich an der Unterseite des Gehirns. Signale aus der linken Hirnhälfte laufen also nach rechts. Bei den meisten Menschen dominiert die linke Gehirnhälfte über die rechte. Und da die linke Seite die rechte Körperhälfte steuert, können die meisten Menschen die Bewegungen der rechten Hand besser steuern – sind also Rechtshänder.

Jede Gehirnhälfte hat ihr Spezialgebiet: Sprechen, Schreiben und logisches Denken werden wohl bei den meisten Menschen von der linken Gehirnhälfte gesteuert. Die rechte Hälfte ist eher für künstlerische Dinge zuständig.

Meist überwiegt eine Hälfte, und deshalb ist der eine gut in Kunst, dem anderen liegt eher die Mathematik. Im Großhirn werden also die Talente verteilt.

Verbunden sind die beiden Teile über den Balken, über das sogenannte *Corpus callosum,* dieses ist unterschiedlich dick, je nachdem, ob Mann oder Frau oder Musiker.

Wenn man knapp zusammenfassen will, wie man sein Hirn am besten benutzt, könnte man sagen: Lassen Sie Ihre rechte Hirnhälfte nicht links liegen. Tatsächlich gibt es eine geniale Aufgabenteilung: Während Sie beispielsweise Ihrem Partner zuhören, analysiert Ihre linke Hirnhälfte, die logische Seite, in einem Wörterbuch, ob Sie die Wörter kennen. Rechts analysieren Sie die Satzmelodie. Ist es eine Aussage? Ist es eine Frage? Und rechts vorne, präfrontal, sitzt eine Region, die man als Inkongruenzzentrum gerade erst entdeckt hat. Das ist die Stelle, wo wir entscheiden, ob der Satz vielleicht noch eine dritte Bedeutung oder zweite Ebene hat oder ob da vielleicht ein Witz versteckt ist.

Was ich spannend finde, ist, dass wir mit dem Inkongruenzzentrum diese Stelle gefunden haben, an die wir Menschen seit Jahrhunderten tippen, wenn wir jemandem einen Vogel zeigen.

Das Kleinhirn
Das Kleinhirn koordiniert unsere Bewegungen – vom Wimpernschlag bis zum großen Ausfallschritt. Es erhält Informationen von Rezeptoren in den Muskeln und Gelenken sowie von den Gleichgewichtsorganen im rechten

und linken Innenohr. Es wird auch über alle Nachrichten informiert, die aus den Sinnesorganen des Körpers (Nase, Ohren, Augen, Mund, Haut) stammen.

Das Gedächtnis – Schatztruhe der Erinnerungen

Unser Kopf überlässt nichts dem Zufall. Das Gehirn hat die totale Kontrolle. Es steuert nicht nur Organe und Bewegungen des Körpers, sondern auch Gefühle und Erinnerungen. Der erste Kuss, das erste Auto, die Geburt eines Kindes – es gibt Momente und Dinge, die vergessen wir nie. Aber vielleicht kennen Sie auch diese Situationen:

„Haben Sie schon den neuen Film gesehen, in dem der Sie-wissen-schon-wen-ich-meine spielt ...?" Oder: „Den Typ dort kenn ich, das ist doch der Du-weißt-schon-wer aus Dingenskirchen." Kennen Sie das? Solche Situationen nagen irgendwie jedes Mal ein wenig am Selbstbewusstsein und ein bisschen mehr Merkfähigkeit wäre nicht schlecht. Stimmt's? Schauen wir uns doch das Erinnern zunächst einmal rein anatomisch-theoretisch an.

Unser Gedächtnis sitzt in der Großhirnrinde, dem Neokortex. Die Großhirnrinde ist die wichtigste Befehls- und Steuerungszentrale des Körpers. Sie ist 2 bis 4 Millimeter dick und enthält etwa 10 Milliarden Nervenzellen. Unterteilt wird die Großhirnrinde in die rechte beziehungsweise linke Gehirnhälfte und die unterschiedlichen Lappen (Stirnlappen, Scheitellappen, und Hinterhauptlappen). Diese steuern die verschiedenen Funktionen des Körpers. Daran, dass wir uns erinnern, sind maßgeblich Hippocampus und Amygdala (Mandelkern) beteiligt:

Hippocampus: Ist zuständig für die emotionale Bewertung von Informationen.

Amygdala: Ist die zentrale Schalt- und Koordinierungsstelle des Gehirns. Sie prüft, bewertet und gleicht die neuen Informationen mit bereits gespeichertem Wissen ab.
Aufgrund der Tatsache, wie lange Informationen und Erinnerungen gespeichert werden, wird unsere Gedächtnisleistung unterteilt in:

1. Das sensorische Gedächtnis: Es erfasst rein äußerliche Merkmale eines Objektes für Millisekunden bis Sekunden und vergisst sie dann sofort wieder.

2. Das Arbeitsgedächtnis, auch Kurzzeitgedächtnis genannt, speichert diese über mehrere Minuten.

3. Das Langzeitgedächtnis behält sie über Jahre. Es speichert unsere Erinnerungen. Die Speicherkapazität des Langzeitgedächtnisses ist im Prinzip unbegrenzt.

Woran wir uns langfristig erinnern, das unterliegt einem strikten Auswahlverfahren. Nur Informationen, die wichtig und bedeutsam zu sein scheinen, leitet der Hippocampus weiter in die Großhirnrinde – wo sie „auf ewig" im Langzeitgedächtnis landen.
Vereinfacht könnte man sagen: Unser Langzeitgedächtnis unterscheidet persönliche Informationen sowie Ereignisse – also alles, was uns biografisch aus-macht – und wichtige Fertigkeiten, die wir erlernt haben, von unwichtigen, irrelevanten Informationen.

Prozedurales und perzeptuelles Langzeitgedächtnis

Nehmen wir das Radfahren. Wer die Bewegungsabläufe, die dazu nötig sind, einmal gelernt hat, vergisst sie nie wieder. Ein Teil des Langzeitgedächtnisses ist auf das Abspeichern solcher immer gleichen erlernten Abläufe spezialisiert. Welche Bewegungsmuster beispielsweise zum Fahrrad- oder Autofahren gehören, speichert das sogenannte prozedurale Gedächtnis ab. Dieses ist auf unbewusste Abläufe spezialisiert und funktioniert praktisch vollautomatisch.

Nicht ganz so selbstverständlich agiert das sogenannte perzeptuelle Gedächtnis (aus dem Lateinischen percipere = „erfassen, ergreifen, wahrnehmen"). In ihm sind Wahrnehmungsmuster gespeichert. Wir wissen also beispielsweise, dass ein Hund ein Hund ist und keine Katze. Aufgrund der akustischen Wahrnehmung können wir eine junge von einer alten Stimme unterscheiden. Und wie eine Banane aussieht und schmeckt, das haben wir so oft „wahrgenommen", dass das Wiedererkennen „quasi automatisch" abläuft.

Priming

Der Begriff „Priming" bezeichnet eine höhere Stufe der Wahrnehmung.

Ein Beispiel: Sie verfahren sich in einer Stadt, die Sie zwar nicht so gut kennen, aber schon einmal besucht haben. Eine Weile irren Sie durch verschiedene Straßen und kommen plötzlich an eine Kreuzung, von der Sie sicher sind, sie schon einmal gesehen zu haben, wenn auch aus einer anderen Perspektive. Dieses Gedächtnissystem entzieht sich der bewussten Steuerung – und kann deshalb nicht erklärt werden.

Ein anderes beliebtes Beispiel sind optische Täuschungen. Entweder man sieht sie oder man sieht sie nicht, eine „Gebrauchsanweisung" gibt es nicht.

Das Wissensgedächtnis

Das Wissensgedächtnis wird auch semantisches Gedächtnis genannt. Es dient dem Abspeichern von Fakten und wir können es bewusst „füttern": London ist die Hauptstadt von Großbritannien, Peking ist die Hauptstadt von China. Beides sind Fakten. Dass Einstein der Begründer der Relativitätstheorie ist – auch klar. Alles, was wir einmal gelernt haben, ist im Wissensgedächtnis abgespeichert. Dieses bewusst gelernte Wissen wird vor allem in der linken Hirnhälfte verarbeitet, wo auch die wichtigsten Sprachzentren sitzen.

Das autobiografische Gedächtnis

Das autobiografische Gedächtnis wird auch als episodisches Gedächtnis bezeichnet – hier werden persönliche Erlebnisse gespeichert: die Erinnerung an den ersten Schultag, den ersten Kuss oder die letzte Geburtstagsfeier. Dieses Gedächtnissystem hält einschneidende Ereignisse und bewegende Momente in Form von Bildern, Filmen oder Geschichten fest. Das autobiografische Gedächtnis ist in Bezug auf Ort und Zeit kontextbezogen und Emotionen, die an die Erinnerungen geknüpft sind, spielen eine entscheidende Rolle.

Wissenschaftler vermuten, dass sehr wahrscheinlich nur der Mensch ein autobiografisches Gedächtnis hat. Tiere haben zwar ein Gedächtnis für Fakten, Muster und Erfahrungen – aber eben kein autobiografisches Gedächtnis. Bei Kindern entwickelt sich das episodische Gedächtnis frühestens ab dem dritten Lebensjahr. Das ist auch der Grund, weshalb man sich als Erwachsener in der Regel an Ereignisse aus der allerfrühesten Kindheit nicht mehr erinnern kann.

Bei der Erinnerung an autobiografische Erlebnisse sind mehrere Hirnareale gleichzeitig aktiv: zum einen Bereiche im Stirn- und Schläfenlappen der rechten Hirnhälfte, die für den Faktenanteil des Erlebten zuständig sind, zum anderen Regionen, in denen das Erlebte emotional bewertet wird. Das geschieht vor allem im limbischen System. Nur durch dieses komplexe Zusammenspiel unterschiedlicher Hirnregionen sind autobiografische Erinnerungen möglich.

Wieso kann man sich an Düfte, Farben, Zahlen, Gesichter, Geschichten, Musik und so weiter erinnern?

Das limbische System

Die Antwort lautet: Das limbische System ist „schuld"! Es ist nicht nur für Lern- und Gedächtnisprozesse zuständig, sondern verarbeitet Emotionen, koordiniert Gefühlseindrücke mit den Reaktionen unseres Körpers. Es nimmt Gerüche wahr und bewertet diese Sinneswahrnehmungen positiv oder negativ. Gestank und Duft wecken unterschiedliche körperliche Reaktionen. Beim Erinnern werden sensorische Informationen mit den entsprechenden Gedächtnisinhalten verglichen, wodurch sie eine Bedeutung für den Organismus bekommen. Auch an Kreativität und Motivation ist das limbische System maßgeblich beteiligt. Es regelt die Ausschüttung von chemischen Nervenbotenstoffen wie Adrenalin oder Dopamin und bestimmt dadurch, ob und wie motiviert ein Mensch auf einen bestimmten Reiz reagiert.

Nun ist es interessant, sich einmal bewusst zu machen, woher wir denn eigentlich Informationen beziehen. Hören, sehen, lesen, fühlen – das ist klar. Aber in der Tat ist es so, dass das Gedächtnis von Zellen gespeist wird, die im ganzen Körper verteilt sind. Eine zentrale Rolle spielt dabei der Bauch. Kennen Sie das auch, dieses Bauchgefühl, das zu einem spricht und Entscheidungen und Situationen beeinflusst? Wie steht es denn mit Ihrer Intuition?

Emotionale Intelligenz

Das Gehirn hat seinen Sitz nicht nur im Kopf, es ist im Prinzip im ganzen Körper. Wir haben auch ein Bauchhirn und verfügen über emotionale Intelligenz.

Zwei simple Beispiele für den Zusammenhang zwischen Geist und Körper:

1. Machen Sie Ihren Mund auf – so weit Sie können. Und jetzt die Frage: Wie viel ist 17 x 13?

Was ist Ihnen aufgefallen?

Genau: Man kann mit offenem Mund schlechter rechnen! Denn damit wir mathematisch denken können, müssen unsere Lippen geschlossen sein, die Zähne aufeinanderliegen, die Zunge muss nach oben gewölbt sein und den Oberkiefer berühren. Sonst geht's nicht. Unser Körper beeinflusst unser Denkvermögen. Das gilt auch, wenn unser Mund zum Beispiel vor Staunen offen steht, dann sind dadurch auch unsere Gedanken blockiert.

2. Geübte Nutzer des öffentlichen Personennahverkehrs kennen das: Sie können minutenlang die anderen Mitreisenden ignorieren und desinteressiert an ihnen vorbei ins Leere starren. Das ist nicht unhöflich, sondern Selbstschutz. Denn: Die Augen verraten Intimes. Ob einer gerade an die vergangene Nacht denkt zum Beispiel. Unbekannte Menschen anzustarren ist darum ungefähr so taktvoll, wie einen Blick ins fremde Schlafzimmer zu werfen.

Das umfassende Zusammenspiel zwischen Körper und Geist, Emotionen und Erinnerungen macht uns Menschen zu solch einzigartigen und vielseitigen Wesen. Unser Gehirn ist äußerst komplex und dementsprechend natürlich auch anfällig für Ablenkungen aller Art und Vergesslichkeit …

Wie soll ich mir das alles merken?
Stellen Sie sich diese Frage auch manchmal in Anbetracht all dessen, was heutzutage täglich so alles auf uns einprasselt? Nur keine Panik! Unser Gehirn funktioniert wie ein Muskel. Es möchte trainiert und benutzt werden, um seine volle Leistungsfähigkeit zu entwickeln und zu behalten. Tatsächlich ist der einzige wirksame Schutz gegen Demenz, das Gehirn fit zu halten.

Wie viel geht da eigentlich – mit unserem Gehirn? Um die Frage zu beantworten, sehen wir uns mal die Extreme an: außergewöhnliche Menschen mit außerordentlichen Gedächtnisleistungen. Man nennt sie Savants. Rain Man aus dem gleichnamigen Film war ein Savant. Er las zwei Buchseiten auf einmal: eine mit dem linken, die andere mit dem rechten Auge. Für eine Doppelseite in einem Buch brauchte er sage und schreibe nur 8 Sekunden. Und er erinnerte sich anschließend sein Leben lang an sie. Rund 12.000 Bücher konnte er, Wort für Wort, auswendig!

Ist das nur Stoff, aus dem Filme sind? Oder ein wahres Wunder? Savants gibt es wirklich, auch im realen Leben! Steven Wiltshire (www.stephenwiltshire.co.uk) ist so ein „echter" Savant. Mit einem mega-fotografischen Gedächtnis und Zeichentalent. Er zeichnet alles detailgetreu nach. Auch wenn er es nur kurz gesehen hat. Ganze Städte, die er vorher noch nie gesehen hat. Zum Beispiel die komplette Stadt Rom, nach einem nur 45-minütigen Rundflug. Und zwar bis ins letzte Detail, perspektivisch genau, alle Brücken, alle Fenster, Gassen, alle Details. Maßstabgetreu und absolut präzise, wie Sie wollen. Ohne Mühe, ohne Anstrengung, nur mit einem Lächeln.

Das Phänomen der Savants lässt sich so zusammenfassen: Savants erbringen außergewöhnliche Glanzleistungen in wenigen Lebensbereichen – und haben außergewöhnliche Defizite in vielen anderen. Sie haben häufig Schwierigkeiten darin, die Informationen, die sie aufnehmen, zu verarbeiten. Viele Savants sind mit sozialen Gepflogenheiten und der Bewältigung des Alltags überfordert. Allein das Ankleiden war für Kim Peek, den „echten Rain Man" (US-amerikanischer Inselbegabter mit Savant-Syndrom), sein Leben lang unmöglich.

Doch es gibt auch Ausnahmen! Zum Beispiel Daniel Tammet. Er nahm die Herausforderung an und beobachtete Menschen, analysierte ihr Tun, entschlüsselte es – und eignete es sich dann mühsam an. Tammet ist einer von wenigen Savants, denen das gelang.

Die Hälfte der Savants sind Autisten, die andere Hälfte hat Hirnschäden. Die meisten sind von Geburt an mit der Savant-Begabung beziehungsweise Inselbegabung ausgestattet. Aber nicht alle. Daniel Tammet zum Beispiel wurde Savant durch einen schweren epileptischen Anfall in seinem dritten Lebensjahr. Orlando Serell durch einen Baseball, der ihn am Kopf traf. Da war er zehn Jahre alt. Seitdem erinnert er jedes Detail ab diesem Tag.

Warum ich das an dieser Stelle erzähle? Aus all den Forschungen ergibt sich ein für Sie und dieses Buch relevantes Fazit: die Erkenntnis, dass das Gehirn offensichtlich fast unbegrenzte Speichermöglichkeiten hat. Es ist alles in unserem Gehirn abgespeichert, so der neueste Stand der Hirnforschung. Alles! Der Unterschied zwischen uns „Normalen" und den Savants ist jedoch: Savants können in der Regel darauf zugreifen, wir Nicht-Savants können es eben nicht. Die gute Nachricht ist: Sie können es lernen! Wie? Indem Sie das Gehirn trainieren!

Brechen Sie aus!

Wenn Sie täglich Ihre Tageszeitung lesen, ist das kein Gehirntraining. Wenn Sie täglich Ihre gewohnte Arbeit erledigen, und sei diese auf einem noch so hohen intellektuellen Niveau, auch nicht. Ihr Gehirn wird nur dann trainiert, wenn Sie etwas völlig Neues ausprobieren.

Alles, was anders ist als das, was Sie bisher gemacht haben, also alles, was Sie aus der Routine herausführt, Ihrem Gehirn neue Reize setzt und es zu neuen Denkmustern zwingt, ist Gehirnjogging.

Ich habe dazu auf den nächsten Seiten ein paar sehr effektive Übungen für Sie zusammengetragen, die Sie unmittelbar im Alltag anwenden und mit denen Sie sich geistig in Bewegung bringen können.

Brechen Sie aus der Routine aus, probieren Sie etwas Neues aus und werden Sie geistig aktiv! Die nächsten Kapitel unterstützen Sie dabei.

KAPITEL 3:

Weil unser Kopf nicht Google ist ...

....

Mal ehrlich: Wie viele Telefonnummern können Sie noch auswendig? Haben Sie Ihre Bank- und PIN-Nummern alle im Kopf? Oder wäre es Ihnen am liebsten, wenn Sie in Ihrem Gehirn einfach danach googeln könnten? Wenn Sie dieses Kapitel bis zum Ende lesen, dann können Sie sich die PIN für Ihre Bankkarte und andere wichtige Dinge auch endlich merken – versprochen!

....

Mentale Aktivierung

Bevor wir mit dem Gedächtnistraining beginnen und uns gleich an die neuronalen Geschicklichkeitsübungen machen, geht es erst einmal in die Aufwärmrunde: Mentale Aktivierung nennt man das. Stellen Sie sich das vor wie ein Dehnen und Strecken Ihrer Synapsen, das diese flexibel macht. Wofür das gut ist, mögen Sie sich jetzt vielleicht fragen. Das beantworte ich Ihnen gerne: Mentale Aktivierungsübungen unterstützen Sie dabei, dass Ihre Gedanken umso leichter über neue Verbindungen in Ihrem Gehirn sausen können. Deshalb ist es sehr sinnvoll, die Übungen immer dann zu machen, bevor Sie sich konzentrieren müssen. Zum Beispiel vor einer Klausur, vor einer mündlichen Prüfung, vor einem Personalgespräch, einer Präsentation oder einer Verhandlung.

Sie können beeinflussen, wie gut Ihr Gehirn arbeitet! Haben Sie mit Verspannungen der Nackenmuskulatur zu kämpfen? Dann ist die folgende Übung wie für Sie gemacht.

....

ÜBUNG
Üben Sie mentale Aktivierung

....

Stellen Sie sich aufrecht hin, die Knie sind entspannt, also nicht ganz durchgedrückt und nicht stark gebeugt. Nun senken Sie den Kopf langsam und sacht seitlich zur linken Schulter. Nur so weit Sie können. Mit der Zeit werden Sie immer weiter herunterkommen, bis nur noch ein Stück Papier zwischen Ohr und Schulter passt. Aber die meisten Schreibtischmenschen werden bis dahin einige Übung brauchen.

Gut, also das Ohr ist nun so weit wie möglich an der linken Schulter. Jetzt strecken Sie gleichzeitig den linken Arm aus, Ihre Hand ist dabei gestreckt. Mit einem Finger malen Sie eine Acht in die Luft – und setzen dabei Ihren gesamten Oberkörper ein. Ihre Augen folgen, so weit das eben geht, Ihrer Fingerspitze. Wiederholen Sie diese Übung etwa fünfmal pro Seite.

....

Jonglieren

Jonglieren ist eine super Unterstützung fürs Gehirntraining! Es ist eine Tätigkeit, die eine Menge grauer Zellen und Gehirnbereiche beschäftigt. Wenn Sie jonglieren, steigern Sie Ihre motorischen Fähigkeiten, Ihr Zeit- und Rhythmusgefühl, Ihre Konzentration und Aufmerksamkeit – und damit auch Ihre Wahrnehmung sowie Ihr Seh-, Koordinations- und räumliches Vorstellungsvermögen.

Viele Gedächtniskünstler wissen das und jonglieren aus genau diesen Gründen.

Na, haben Sie Lust aufs Jonglieren bekommen? Dann los! Kaufen Sie sich Jonglierbälle. Äpfel gehen zwar auch für den Anfang, aber sie sind nicht so zu empfehlen, das gibt meistens irgendwann – gerade, wenn Sie Anfänger sind – eine Sauerei ...

Die Bälle fliegen unkoordiniert in alle Richtungen, nach rechts und links, kullern zu Boden? Macht nix! Einfach weitermachen und Spaß dran haben! Jonglieren versetzt die grauen Zellen in Bewegung und hat auch dann positive Auswirkungen aufs Gehirn, wenn nicht alles perfekt klappt. Es gibt viele Möglichkeiten, das Gehirn zu trainieren und zu schulen. Jonglieren ist nur eine davon. Tanzen eine andere.

Rückwärts/sträwkcüR

Hier noch eine Spaßübung: Vielleicht haben Sie schon einmal ein Kind mit der Begabung getroffen, rückwärts zu sprechen und rückwärts Gesprochenes zu verstehen. Manche Kinder haben dieses Talent, das allerdings mit fortschreitendem Alter vergeht, wenn es nicht aktiv geübt und trainiert wird.

Probieren Sie es selbst aus: Was bedeuten diese Worte?

Epmalesel

Ebualnetrag

Knufdnur

Die Lösung* finden Sie unten, am Ende dieser Seite.

Lernen Sie, ein Instrument zu spielen

Eine andere Möglichkeit für mentale Aktivierung ist, wenn Sie das Spielen eines Musikinstruments erlernen. Am bes-

*Leselampe/Gartenlaube/Rundfunk

ten eines, für das Sie beide Hände brauchen. Denn dabei trainieren Sie auch motorische Fähigkeiten, Koordination, Aufmerksamkeit, Wahrnehmung, Zeit- und Rhythmusgefühl. Und dabei findet ein guter Austausch zwischen den beiden Gehirnarealen statt.

Durch Musik – ganz gleich ob selbst gemacht oder beim Zuhören – werden beide Gehirnhälften aktiviert, sowohl die rechte (Melodie) als auch die linke (Takt). Also können Sie auch Ihre Lieblings-CD einlegen und einfach mitsingen oder das Orchester dirigieren! Auf diese Weise trainiert die Musik dann nicht nur Ihren Kopf, sondern bringt auch Ihren Körper in Bewegung!

Machen Sie etwas anders!
Der amerikanische Neurobiologe Lawrence C. Katz (Neurobics - Fit im Kopf, Goldmann Verlag 2001) prägte für seine Erkenntnisse den Begriff „Neurobics" – Aerobic fürs Gehirn. Und damit ist gemeint: weg von Routinedenken und -handlungen. So können Sie auch mit zunehmendem Alter das geistige Niveau halten!

Trainieren Sie Ihr Gedächtnis mit bildhaftem Denken. Verwandeln Sie Namen spontan in Bilder und kreative Assoziationen. Eignen Sie sich eine Fremdsprache an. Lernen Sie ein Gedicht auswendig. Nehmen Sie die Mathematikbücher Ihrer Kinder oder Enkelkinder, beginnen Sie mit einfachen Aufgaben.

Ändern Sie Ihre gewohnte Sitzordnung am Esstisch. Oder nehmen Sie alle Ihre Lieblingsbücher und lernen Sie deren Anfangssätze auswendig. Es ist die Magie des Anfangs, welche die Neurogenese, die Neuproduktion von Nervenzellen, in Ihrem Gehirn in Gang setzt.

Wichtig ist: Gehirntraining ist immer Individualtraining. Nur was Sie fordert und neu ist, macht Sie mental stark.

Mentale Briefkästen einrichten (Loci-Methode)

Warum finden Sie Ihre Post zu Hause? Weil sie im Briefkasten liegt. Angenommen, es käme ein neuer, kreativer Postbote. Was wäre, wenn der an einem Tag die Briefe in den Geräteschuppen legen würde, am nächsten ins Baumhaus und am übernächsten auf das Garagendach? Irgendwann würde Ihnen die tägliche Sucherei zu bunt werden. Vielleicht würden Sie ihn ansprechen: „Hey, legen Sie die Post gefälligst da ab, wo sie hingehört. In den Briefkasten. Da gucke ich als Erstes rein, wenn ich meine Post finden möchte. Das kostet mich am wenigsten Zeit."

Genau so verhält es sich auch mit Wissen, das Sie speichern wollen. Also richten Sie dafür am besten mentale Briefkästen ein! Sie können zum Beispiel Ihren eigenen Körper als Briefkasten benutzen: mithilfe einer „Körper-Liste".

Stehen Sie jetzt, wenn möglich, bitte kurz auf und berühren Sie alle Körperteile, die ich Ihnen gleich nenne. Die Berührung ist wichtig, durch sie erweitern Sie die Reizpalette und können sich die genannten Punkte der Körper-Liste – also die neuen Briefkästen – besser merken.

Die „Körper-Liste" Ihrer mentalen Briefkästen

1 = Die Zehen
2 = Die Knie
3 = Die Oberschenkel
4 = Das Gesäß
5 = Die Taille
6 = Die Brust
7 = Die Schultern
8 = Der Hals
9 = Das Gesicht
10 = Die Haare (oder die Kopfhaut, falls Sie eine stolze Glatze tragen)

Was können wir nun damit anfangen? Da Sie die Körper-Liste quasi immer dabeihaben, können Sie sich mit ihrer Unterstützung alles Mögliche merken. Zum Beispiel dadurch ganz leicht die Landeshauptstädte von Süden nach Norden aufzählen!

Wir beginnen von Süden nach Norden mit den Landeshauptstädten der alten Bundesländer und anschließend mit denen der neuen Bundesländer. Wir brauchen dazu die Körperliste und übertriebene, bildhafte, emotionale Verknüpfungen. Sie erinnern sich an die Einleitung und die Voraussetzungen für ein optimales Gedächtnis (siehe Seite 15)? Je MERKwürdiger Ihre Verknüpfungen, desto besser bleiben Sie Ihnen im Gedächtnis!

Die südlichste Landeshauptstadt Deutschlands ist **München!** Stellen Sie sich vor, wie Sie Ihre Füße in Bier baden, auf dem Oktoberfest natürlich. Oder, wenn Ihnen das mehr liegt, stellen Sie sich vor, wie Sie mit Ihren Füßen gegen den FC **Bayern** München Fußball spielen. Also: Füße, Bier und München. Oder: Füße, Fußball und München.

Mit Ihren Knien knien Sie sich auf einen hölzernen, harten Stuhl. Stuhl für **Stuttgart.** Wenn ich meine Knie darauf noch bade, komme ich auf **Baden-Württemberg.**

Auf Ihren Oberschenkeln bauen Sie eine Brücke: Von einem Oberschenkel zum anderen. Und durch die Brücke hindurch fließt die Saar. Saarbrücken. **Saarbrücken** und **Saarland** ist auch einfach zu merken.

Aus Ihrem Hintern schauen die Mainzelmännchen hervor, winken und rufen: Gunaaabend! Also Mainz und Mainzelmännchen. Und **Mainzzzzzz** hört genauso auf wie **Rheinland-Pfalz.**

Ihre Taille und Ihren Bauch malen Sie ganz grün an. Das sieht dann aus wie eine grüne Wiese, und in Ihren Bauchnabel gießen Sie ein wenig Wasser hinein, was aussieht wie ein kleiner Swimmingpool auf der Wiese. Also eine grüne Wiese und ein blauer Pool, in dem Sie baden können. Logisch: **Wiesbaden.** Taille beziehungsweise Bauch ist damit Wiesbaden. Wenn Sie in dem Swimmingpool noch Hermann Hesse baden sehen – kommen Sie auf das Bundesland **Hessen.**

Denken Sie nun an einen Bekannten, der eine ausgeprägte, lange Nase hat. Diese Nase erinnert Sie an das Düsentriebwerk eines Düsenjets. Von Düsentriebwerk kommen Sie relativ schnell auf **Düsseldorf**. Wenn Sie jetzt noch genauer hinsehen, können Sie erkennen, dass zwischen den beiden Düsentriebwerken der Rhein nach Norden fließt. Somit ist klar: Düsseldorf gehört zu **Nordrhein-Westfalen**.

Und auf Ihren Schultern? Da sitzt ein kleiner Hahn und kräht vor sich hin. Ein Hahn für **Hannover**. Und weil die Hühner immer rufen: „Nieder mit dem Hahn, der tut zu wenig. Nieder mit dem Hahn", kommen Sie auf **Niedersachsen**.

Ich bin ein Fan der Bremer Stadtmusikanten. Deshalb habe ich mir die Bremer Stadtmusikanten auf den Hals tätowiert. **Bremen** heißt die Hauptstadt und gleichzeitig das Bundesland. Hier ist es einfach.

Jetzt habe ich einen Mordshunger und ich beiße in einen großen, leckeren Hamburger. **Hamburg** ist die nächste Hauptstadt und gleichzeitig wieder das Bundesland. Und mein Kopf, der geht spitz zu. Vor allem, wenn ich meine Haare zu einem Irokesenschnitt frisiere und ihn rot ansprühe – das sieht dann aus wie der **Kiel** von einem Segelboot. Segeln hinterlässt eben Spuren. Sogar in meinem Gesicht. Das ist die Stadt Kiel. Und mein Freund sagt zu mir: „Mensch, dein Kopf ist ja total hohl, außer Segeln ist da eh nichts drin" – für **Schleswig-Holstein**.

Wiederholen wir jetzt die Landeshauptstädte der alten Bundesländer, bevor wir zu den neuen kommen. Gehen Sie die Liste mehrmals durch und versuchen Sie dann, die Städtenamen auswendig aufzusagen.

Erinnern Sie sich?*

Welche Landeshauptstadt liegt auf Ihren Füßen? Und auf den Knien?

Werfen Sie einen Blick auf Ihre Oberschenkel. Was sehen Sie da?

Und auf Ihrem Hintern? Ich sage nur Mainzelmännchen …

Taille?

Oberkörper? Das war die Geschichte mit den Düsen …

Schultern?

Hals? Das war das mit den tierischen Musikanten …

Gesicht?

Kopf … Wie war das mit dem Segelboot?

---

*Lösung: München, Stuttgart, Saarbrücken, Mainz, Wiesbaden, Düsseldorf, Hannover, Bremen, Hamburg, Kiel, Schwerin, Potsdam, Berlin, Dresden, Erfurt, Magdeburg.

Die Kraft der Wiederholungen

Wiederholungen sind das A und O fürs Auswendiglernen. Wenn Sie mit den richtigen Techniken lernen und die hier genannten Wiederholungsrhythmen einhalten, können Sie Wissen in rund 50 Prozent der Lernzeit nachhaltig im Gedächtnis abspeichern.

Für den Wiederholungsrhythmus gilt folgende Faustregel:

• Erste Wiederholung nach 30 bis 40 Minuten.

• Zweite Wiederholung nach 24 Stunden.

• Eine dritte bis zur fünften Wiederholung verteilt auf die nächsten 3 Tage.

Wenn der Lernstoff nach einem Monat und dann nochmals nach einem halben Jahr durchgegangen wird, sind die Informationen zu 95 Prozent im Langzeitspeicher verankert.

....

NICE TO KNOW

....

Sie können einzelne Briefkästen mehrfach belegen. Die Markus-Hofmann-Körper-Liste zum Beispiel ist 80-fach belegt. Ich komme trotzdem nicht durcheinander. Der Trick dabei: Ich kann eine Liste dann mehrfach belegen, wenn ich sie mit ganz unterschiedlichen Themen besetze. Zum Beispiel: Auf der Körper-Liste liegt Allgemeinwissen zur europäischen Geschichte, außerdem das McKinsey-Portfolio aus meinem BWL-Studium, die zehn Witze von der letzten Party und die Epochen der Kunstgeschichte.

Wenn Sie die Loci-Methode nun häufiger im Alltag anwenden, werden Sie merken, dass sich mit der Zeit eine gewisse Flexibilität einstellt. Dass Sie eine Art Intuition entwickeln. Sie stellen fest: Hey, manche Informationen verbinde ich lieber mit dieser Liste, anders geartete Informationen, zum Beispiel Autorouten oder Zahlenkombinationen, mit einer anderen, weil die eine Liste in einem bestimmten Zusammenhang einfach besser zu merken ist. Sicherlich haben Sie auch bald eine Lieblingsliste, die Sie besonders häufig anwenden und immer wieder „überschreiben". Aber wie gesagt: Eine mehrfache Besetzung ist kein Problem.

....

Das merk ich mir!

Mal ganz ehrlich: Haben Sie die PIN-Nummer für Ihre Bankkarte auch irgendwo notiert? Haben Sie schon mal den Code für Ihr Handy vergessen? Ich persönlich kann mir ja eine Menge merken und darauf, dass ich 139 Telefonnummern auswendig weiß, bin ich richtig stolz. Ich garantiere Ihnen: Was ich kann, das können Sie auch!

Wie Sie sich besser an Zahlen erinnern

Dafür habe ich die „Einhorn-Liste" entwickelt. Sie verknüpft jede Zahl von 1 bis 20 mit einem einprägsamen Bild. So können Sie sich Telefonnummern und andere Zahlenkombinationen wesentlich leichter merken.

Die Einhorn-Liste: die Zahlen 0 bis 20

0 =   ein Ei – zwei Nullen (00) sind ein WC.

1 =   Einhorn

2 =   Medaille

3 =   Dreirad

4 =   Tisch

5 =   Hand

6 =   Sixpack

7 =   Zwerg

8 =   Achterbahn

9 =   Schwein

10 =   Bibel

11 =   Fußball

12 =   Uhr

13 =   Pech

14 =   Blumen

15 =   Kolumbus

16 =   Teenager

17 =   Blondes Haar

18 =   Führerschein

19 =   Sandmännchen

20 =   Tagesschau

Diesen 20 Wörtern sind folgende Symbole oder Bilder zu-geordnet:

Das erste Wort ist „**Einhorn**". Darin kommt die Zahl 1 ja schon vor. Wenn Sie lange genug mit meiner Einhorn-Liste arbeiten, dann können Sie gar nicht anders, als bei 1 an ein Einhorn zu denken.

Die 2 ist eine **Medaille,** die ja bekanntlich zwei Seiten hat.

Die Zahl 3 assoziiere ich mit dem **Dreirad,** weil das ja drei Räder hat.

Die 4 ist gleich **Tisch.** Warum?
Klar, weil er vier Tischbeine hat.

Die 5 ist eine **Hand** mit fünf Fingern.

Woran denken Sie bei der 6? Okay, Sie können da auch an etwas anderes denken. Ich habe ein **Sixpack** assoziiert, weil der ja sechs Flaschen hat.

7 ist der **Zwerg** wegen Schneewittchens sieben Zwergen. Logisch, oder?

8 ist die **Achterbahn.** Da ist auch wieder die 8 enthalten.

9 verbinde ich mit dem Bild eines **Schweins,** weil das Rin-gelschwänzchen dieser Zahl ähnelt.

10 kombiniere ich mit der **Bibel** – die Zehn Gebote. Sie wissen schon, welche ich meine.

Die 11 steht für **Fußball!** „Elf Freunde sollt ihr sein …“

Und die 12 assoziiere ich mit dem Ziffernblatt der **Uhr.**

Die 13 gilt ja als Unglückszahl – deshalb passt das Wort **Pech** gut dazu.

Mein Vorschlag für die 14 ist der Blumenstrauß, weil man am 14. Februar – **Valentinstag** – der Liebsten Blumen schenkt.

Hinter der 15 ist **Kolumbus,** weil er im 15. Jahrhundert Amerika entdeckte.

Danach kommt der **Teenager,** er ist mit 16 voll in der Pubertät.

Bei der Zahl 17 denke ich an Udo Jürgens und „17 Jahr – **blondes Haar,** so stand sie vor mir“.

Mit 18 Jahren darf man, wenn man den **Führerschein** hat, allein Auto fahren.

Um 19 Uhr kommt das **Sandmännchen.**

Und um 20 Uhr kommt die **Tagesschau.**

ÜBUNG
Übung macht den Einhorn-Listen-Meister!

So üben Sie diese Liste effektiv: Sagen Sie sie zwei- bis dreimal laut auf und dann schreiben Sie sie auf ein Blatt Papier. Das können Sie natürlich auch am Computer machen. Oder Sie sprechen die Ziffern und die dazugehörigen Worte aufs Smartphone.

Wichtig ist: Am besten immer wieder neu notieren beziehungsweise löschen und noch mal üben.

Wenn Sie ein Wort gerade nicht wissen, springen Sie zum nächsten: Ihr Unterbewusstsein sucht nach dem fehlenden Wort und wird es Ihnen zuspielen. Machen Sie einen Haken hinter jedes Wort, das Sie an der richtigen Stelle platziert haben, damit signalisieren Sie Ihrem Unterbewusstsein: Kenn ich. Kann ich. Super!

Ein Wort, das Sie ausgelassen oder falsch notiert haben, schreiben Sie korrekt in die Liste und fokussieren sich dann konzentriert darauf.

Übrigens: Wenn Sie sich den einen oder anderen Begriff partout nicht zur dazugehörigen Ziffer merken können, dann überlegen Sie, was Ihnen stattdessen in der Kombination Zahl – Bild einfällt. Die Einhorn-Liste, so wie Sie sie gerade gelernt haben, hat sich über die Jahre als besonders einprägsam erwiesen. Vielleicht haben Sie aber auch selbst eine Idee und verwenden lieber Ihre eigenen Begriffe und Bilder.

....

So merken Sie sich Ihre Karten-PIN!

Gehören Sie zu den Menschen, die ständig Ihre PIN-Nummern vergessen? Ich habe den ultimativen Tipp für Sie, wie Sie PIN-Nummern nie mehr vergessen:

Beispiel 1 – PIN I: 7259 (beispielsweise für Ihre Bankkarte)

Die Symbolworte dazu sind 7 = Zwerg, 2 = Medaille, 5 = Hand und 9 = Schwein

Formulieren Sie aus diesen vier Worten eine fantasievolle Minigeschichte. Und stellen Sie dieser den „Bestimmungsort" voran – also in diesem Fall das Wort „Bankkarte".

Beispielgeschichte: Auf der **Bankkarte** tanzt ein **Zwerg**. Er hat eine **Medaille** in der **Hand,** die er gerade gewonnen hat: **Schwein** gehabt!

Beispiel 2 – PIN II: 3006 (beispielsweise für Ihr Handy)

Symbolworte dazu: 3 = Dreirad, 00 = Toilette, 6 = Sixpack

Beispielsatz: Das Handy lag auf dem **Dreirad,** das vor der **Toilette** geparkt war, und als es klingelte, dachte ich an mein **Sixpack.**

Beispiel 3 – PIN III: 781 (beispielsweise für die Kreditkarte)

Symbolworte dazu: 7 = Zwerg, 8 = Achterbahn, 1 = Einhorn

Beispieltext: Mit der Kreditkarte kaufte sich der **Zwerg** ein Ticket für die **Achterbahn,** die von einem **Einhorn** gezogen wird.

Die IBAN visualisieren

In Deutschland hat die IBAN 20 Ziffern. Voran steht immer das Landeskürzel. In unserem Beispiel also DE für Deutschland.

Beispiel IBAN: DE12070619201105151309

In einem ersten „Arbeitsschritt" zerlegen Sie diese Zahlenreihe in **Zweierkombinationen:**
DE 12 07 06 19 20 11 05 15 13 09

Wie gehen Sie nun vor? Machen Sie aus der Zahl zweistellige Zahlenpaare. Verwandeln Sie diese in die Bilder aus der Einhorn-Liste.

Das erste Zahlenpaar ist die 12, diese steht für die **Uhr.** Die 07 steht für den **Zwerg,** die 06 für das **Sixpack,** die 19 für das **Sandmännchen,** die 20 für die **Tagesschau.** 11 ist der **Fußball,** 05 die **Hand** und 15 **Kolumbus.** Die 13 ist **Pech** und die 09 das **Schwein.**

Machen Sie daraus eine kleine groteske, witzige Geschichte. Ausgangspunkt der Geschichte ist ein Überweisungsformular der Bank.

Auf dem Überweisungsformular liegt meine Armband**uhr** (die 12). Die sieben **Zwerge** (weil das nächste Zahlenpaar die 07 ist] trampeln betrunken darauf herum, weil sie gerade ein **Sixpack** [wegen der 06] zusammen mit dem **Sandmännchen** [steht für 19] geleert haben. Gemeinsam schauen sie die **Tagesschau** [die 20], in der gerade **Fußball** [die 11] gezeigt wird. Dort gibt es einen **Handelfmeter** [die 05]. **Kolumbus** [15] kommt auf das Feld und schnappt sich den Ball. Er hat aber leider **Riesenpech** [13], denn er trifft nur ein armes **Schwein** [09].

Wie geht das mit der Kreditkartennummer?

Wenn Sie die Kreditkartennummer auswendig können, müssen Sie beim Onlineshoppen nie wieder Ihre Karte rauskramen, weil Sie nämlich die Nummer im Kopf haben. So sparen Sie sich viel Zeit.

Beispiel Kreditkartennummer: 1914 0715 1317 0516

Machen Sie aus der Zahl wieder zweistellige Zahlenpaare: 19 14 07 15 13 17 05 16

Verwandeln Sie diese in die Bilder aus der Einhorn-Liste:
19 = **Sandmann**, 14 = **Blumen**strauß, 07 = **Zwerg**,
15 = **Kolumbus**, 13 = **Pech**, 17 = **blondes Haar**, 05 = **Hand**,
16 = **Teenager**.

Der Text dazu: Auf der Kreditkarte sehe ich das Bild vom **Sandmann**. Dieser hat einen **Blumen**strauß in der Hand, den er einem **Zwerg** schenkt, der aussieht wie **Kolumbus**. Kolumbus sieht irgendwie komisch aus. Er hat **Pech** in seinem **blonden Haar**. Mit seiner **Hand** versucht er es wegzumachen und wischt sie an einem **Teenager** sauber.

Erweitern Sie das Zahlenspiel

Natürlich haben Sie bereits erkannt, dass unsere Beispiele für mehrstellige Zahlenreihen sich immer wunderbar mit der Einhorn-Liste lösen lassen. Die Realität kann ein bisschen anders aussehen, sprich: Es kann sein, dass bei den zweistelligen Zahlenpaaren auch Zahlen jenseits der 20 vorkommen. Um sich diese wirksam einzuprägen, müssen Sie selbst Listen anlegen, die – jeweils in Zehnerschritten – die weiteren Zahlen mit Symbolen belegen. Ich gebe Ihnen dazu wieder ein Beispiel.

Visualisieren Sie Ihre Küche! Sie wissen sicher genau, wo was steht. Nun ordnen Sie zehn markanten Gegenständen Zahlen zu. Wenn Sie in Ihre Küche kommen, sehen Sie zuerst die **Kaffeemaschine (21)**, rechts daneben steht der **Toaster (22)**, etwas weiter rechts daneben steht der **Wasserkocher (23)**. Wenn Sie sich noch weiter nach rechts drehen, sehen Sie das **Waschbecken (oder die Spüle) (24)** und die **Spülmaschine (25)**. Dann kommt der **Herd (26)** und der **Backofen (27)**, daneben am Boden steht der **Mülleimer (28)**, darüber an der Wand hängt ein Regal mit **Gläsern (29)** und dann gibt es natürlich noch den **Kühlschrank (30)**.

Beispiel für eine Telefonnummer: 0526302228

Ausgangspunkt ist die Person, der diese Nummer gehört, also zum Beispiel die **Schwiegermutter**.

Symbole: 05 = Hand, 26 = Herd, 30 = Kühlschrank, 22 = Toaster, 28 = Mülleimer.

Beispieltext: Immer wenn meine **Schwiegermutter** uns besucht, verbrennt sie sich erst mal ihre **Hand** an unserem **Herd.** Damit sie abkühlt, legt sie die Hand in den **Kühlschrank.** Das ist ihr dann aber doch zu kalt. Um die Hand aufzuwärmen, grillt sie diese im **Toaster.** Aber das funktioniert auch nicht so, wie sie sich das vorgestellt hat. Schlussendlich wirft sie die Hand in den **Mülleimer.**

Die Körper-Liste – von 21 bis 30

Auf Seite 63 haben Sie die Einhorn-Liste kennengelernt. Diese erweitern wir nun durch die Körper-Liste der Zahlen 21 bis 30. Damit lernen Sie 30 mentale Briefkästen! Die ersten mentalen Briefkästen sind also die Zahlen von 1 bis 20, Ihre Einhorn-Liste. Mit der Körper-Liste kommen jetzt noch einmal zehn dazu.

Neben der eigenen Wohnung – wie im obigen Beispiel die Küche – hat sich diese Körper-Liste als sehr nützlich erwiesen, mit deren Hilfe Sie die Zahlen von 21 bis 30 fest belegen können.

Stehen Sie, wenn möglich, bitte kurz auf. Machen Sie einfach in Gedanken mit. Ich werde Ihren Körper nun in zehn neue Briefkästen einteilen, beginnend unten bei den Zehen. Das werden die Briefkasten-Nummern von 21 bis 30 sein. Die Zahlen 1 bis 20 waren ja in der Einhorn-Liste belegt. Bitte berühren Sie zusätzlich alle Körperteile, die ich gleich nennen werde, somit erweitern Sie beim Lernen noch Ihre Reizpalette. Je mehr Reize Sie beim Lernen anwenden, umso leichter und schneller speichern Sie sich etwas im Gedächtnis ab. Das ist wichtiger, als Sie jetzt ge-

rade denken. Machen Sie also bitte mit. Es lohnt sich. Gut.
Stehen Sie? Dann berühren Sie bitte als ersten Ankerplatz
Ihrer Körperliste Ihre Zehen, das heißt, wenn Sie runter-
kommen. Da fangen wir an und wandern dann einfach von
unten nach oben. Also:

21 = die Zehen

22 = die Knie

23 = die Oberschenkel

24 = das Gesäß

25 = die Taille

26 = die Brust

27 = die Schultern

28 = der Hals

29 = das Gesicht

30 = die Haare

Übung macht die Meister

Schließen Sie die Augen und wiederholen Sie die zehn
neuen Körper-Briefkästen von unten nach oben und von
oben nach unten. Wenn Sie bei der Nummer 25 nicht gleich
auf das Wort „Taille" kommen und nur irgendwie an Ihren

Rumpf oder Ihre Körpermitte denken – dann nehmen Sie einfach dieses Bild.

Also, los geht's …

Jetzt machen Sie es gleich noch einmal im Schnelldurchgang. Berühren Sie die jeweiligen Körperteile in der richtigen Reihenfolge, während Sie – wenn es geht – laut mitsprechen.

***

Und? Wie war's? Wahrscheinlich konnten Sie die Körper-Liste mit Leichtigkeit wiedergeben, oder? Doch wie sieht es ohne chronologische Reihenfolge aus?

Was war denn die 27? Hmm? Oder die 24? Tja! Manche beginnen dann von unten zu zählen und berühren dabei jedes Körperteil. Nach ein wenig Nachdenken beziehungsweise Zählen kommen die meisten zwar schon auf die Antwort, aber es dauert seine Zeit. Und Gedächtnisleistung hängt ja auch mit Geschwindigkeit zusammen. Sie möchten sehr schnell auf Wissen zugreifen können. Es bringt ja nichts, wenn Sie im Kundengespräch sind und denken: „Ich hab mir vorhin nochmals die Unterlagen angesehen. Wie war das noch mit der neuen Anwendung? Ich weiß zwar, wo's steht, aber ich kann mich nicht mehr daran erinnern. Also, die Füße waren 1, die Knie …"

Oder Kinder, die in der Prüfung sitzen und denken: „Ja, ja, ich hab es gestern gelernt. Das steht auf Seite 13, rechts unten, in einem grünen Kasten, ist fett unterstrichen … aber was steht da noch mal drin?" Sie wissen zwar, wo es steht, wissen aber nicht mehr, was da steht. Also: In dem entscheidenden Moment auf Wissen zugreifen zu können, das macht den Unterschied. Das ermöglicht den Vorsprung durch Wissen.

Die Herausforderung ist nun, sehr schnell auf die einzelnen Briefkästen zugreifen zu können. Wenn ich zum Beispiel „27" sage, dann sollten Sie sofort die Schulter damit assoziieren. Oder „24" – und Sie sollten sofort „Gesäß" sagen können. Mein Kollege Gregor Staub (www.gregorstaub.com) hat in seinen Studien herausgefunden, dass es ein großer Vorteil ist, wenn Sie den 5. und den 7. Punkt einer solchen 10er-Liste markieren. Daran sind dann – in der Regel – alle weiteren Punkte angeheftet. Beispiel: Sehen Sie bitte mal auf Ihre Schulter und stellen Sie sich vor, auf Ihren Schultern stünden Schneewittchen und die sieben Zwerge und Sie rufen laut und fröhlich „Halloooo!". Stellen Sie es sich vor. Trauen Sie sich. Außer Sie sitzen gerade in der U-Bahn und einige Menschen stehen um Sie herum. Dann könnte es ein wenig für Verwirrung sorgen. Egal. Haben Sie die sieben Zwerge gegrüßt? Falls ja, dann haben Sie Ihre Schultern unweigerlich als siebten Punkt Ihrer Körperliste markiert. Somit ist es für Sie vollkommen klar, wenn ich Sie nun auffordere die Nummer 28 Ihrer Körperliste zu berühren. Schwups, Sie berühren den nächsten Ankerpunkt nach den Schultern, nämlich Ihren Hals. Sehr gut!

Nehmen Sie jetzt Ihre fünf Finger und legen Sie diese an Ihre Taille. Fünf Finger … 25, die Taille. Denken Sie ans Tanzen und wie Ihnen ein George Clooney oder eine Julia Roberts sanft die Hand auf die Taille legt … Hmmmmm! Jetzt haben Sie also zwei Punkte markiert: die Schultern – 27. Und die Taille – 25. Von hier aus können Sie zur Not schnell zu den anderen Briefkästen hinauf- oder hinunterzählen. Spielen Sie die Positionen einfach immer mal wieder im Kopf durch. Schnell beim Zähneputzen oder bei der Fahrt im Bus. Das trainiert.

Der Deal mit Schneewittchen: Kenn ich, kann ich
Die Trainingszeit geht weiter! Verankern Sie die Körper-Liste noch fester in Ihrem Gedächtnis.

25 ist?

Klar, die Taille, weil Sie da von ein paar netten Händen sanft berührt werden.

Und die 24 eins tiefer?

Klar, Ihre „vier Buchstaben" natürlich.

22?

Ja, Ihre zwei Kniescheiben.

23?

Nein, nicht drei Oberschenkel, das ist Wunschdenken. Die 23 liegt zwischen 22 und 24. So kann man sich das leicht merken.

26 ist?

Ja, genau - die Brust.

Wenn ich in Schulen meine Vorträge und Workshops mit Kids halte, kommen vorher immer einige Lehrer auf mich zu und sagen: „Markus, du darfst keine erotischen Bilder nutzen. Du hast es ja mit Kindern zu tun." Klar, da muss man ein wenig aufpassen. Wobei … ich wiederhole mich gerne, Erotik ist halt ein unglaublich starkes Lernprogramm. Ein erotischer Bezug prägt sich einfach immer besser ein. Also der sechste Punkt am Körper ist? Die Brust.

Punkt 27?

Die sieben Zwerge sitzen wo? Auf Ihren Schultern, und sie sagen zu Ihnen „Hallooooo!"

Und 28?

Na klar, der Hals.

29?

Das Gesicht.

30?

Die Glatze oder die Haare – die vielleicht auch schon langsam weiß werden.

Die Körper-Liste macht besonders großen Spaß und lässt sich gut im Alltag anwenden. Meines Erachtens ist sie die tollste Liste von allen. Warum? Weil Sie den Körper immer dabeihaben. Außer Sie kommen gerade vom Oktoberfest, dann könnte es sein, dass Körper und Geist eine Zeit lang getrennte Wege gegangen sind ...

Was Sie von Rick Perry lernen können ...
Apropos Zugreifen. Dazu gibt es eine wirklich markante Story, die ich Ihnen an dieser Stelle nicht vorenthalten möchte. Rick Perry war einer der 8 Präsidentschaftskandidaten der Republikaner im Wahlkampf 2012. Er war mit anderen Kandidaten zu Gast in einer Talkshow. Rick Perry war bis dahin der aussichtsreichste Kandidat der Republikaner gewesen. Extrem medienaffin, immer ein Lächeln auf dem Gesicht, gut aussehend, tolle Stimme, sympathisch.

Jetzt fragt ihn der Talkmaster, was er denn gerne ändern würde, wenn er gegen Barack Obama gewinnen würde. Rick Perry antwortet laut und mit viel Energie, dass er drei „Agencies of Government" – also drei Ministerien – abschaffen wolle. Das hat sich dann, live vor Millionen von Fernsehzuschauern, ungefähr folgendermaßen angehört: „ ... Sie werden sehen, wenn ich Präsident werde, wird sich Folgendes ändern. Zuerst werde ich drei Ministerien streichen. Da wären das Handelsministerium, das Bildungsministerium und das ... ah ... was war das dritte noch mal ... ahhh ... lassen Sie mich nachdenken. Ahhh ... Handel ...

ahhh ... [jemand flüstert ihm zu: Bildung] ... ja genau, Bildung ... und das dritte ... ah ... lassen Sie mich nachsehen ... ich kann es Ihnen nicht sagen, sorry!"
Ups! Zu blöd auch, oder?

Das müssen Sie sich wirklich mal auf YouTube ansehen. Glauben Sie, dass Rick Perry das dritte Ministerium tatsächlich nicht wusste? Natürlich kannte er es! Nur ausgerechnet in diesem Moment konnte er nicht auf das vorhandene Wissen zugreifen.

Ausgerechnet in dem entscheidenden Moment ist ihm das Energieministerium nicht eingefallen! Die Medien haben ihn am Tag danach durch den Kakao gezogen. Und ja: Er machte in diesem Moment wirklich einen inkompetenten, schlecht vorbereiteten Eindruck – nur wegen eines kleinen, aber sehr wichtigen Details. Mit der Loci-Methode wäre ihm das nicht passiert. Letztendlich hat ihn dieser Auftritt die Kandidatur für die Republikaner gekostet. Wirklich dumm gelaufen.

So merken Sie sich Geburts- und Geschichtsdaten

Mit der Einhorn- und der Körper-Liste in Kombination können Sie sich blitzschnell Geburts- oder auch wichtige Geschichtsdaten merken. Gehen Sie zur Erinnerung noch einmal die Einhorn-Liste [siehe Seite 63] sowie die Körper-Liste [Seite 72] durch. Die sollten Sie im Schlaf können. Das ist die Voraussetzung dafür, dass Sie die Methode erfolgreich anwenden können.

Wie nutzen wir die Listen jetzt fürs Geschichtstraining?

Wie merken Sie sich ein bestimmtes Ereignis und Datum? Folgendes Beispiel: An der New Yorker Börse brechen die Kurse ein. Die Nachricht erreicht Europa am Folgetag, dem 25. Oktober 1929. Dieser Tag geht bei uns als Schwarzer Freitag in die Geschichte ein.

Wie gehen Sie vor? Sie brauchen wieder einen mentalen Briefkasten – sprich einen Ablageort, an dem Sie das Ereignis ablegen können. Die Körper-Liste als mentalen Briefkasten kennen Sie ja schon. Sie könnten das Datum nun dort ablegen. Allerdings – nur mit dem Datum an sich können Sie nicht viel anfangen. Sie müssen auch wissen, welches Ereignis dazugehört.

Sie müssen also in Ihrer kleinen Merkgeschichte sowohl das Datum als auch das Ereignis mit integrieren. Und der Start Ihrer Geschichte ist in solchen Fällen das Ereignis selbst – der Schwarze Freitag im Börsensaal.

Egal welches Ereignis, welches Datum Sie sich merken wollen, Sie gehen immer so vor: Zuerst „verbildern" Sie das Ereignis, dann kommen die Bilder zum Datum.

Jetzt sollten Sie noch wissen, wann genau das Ereignis war. Okay, in diesem Fall könnten Sie sagen: an einem Freitag. Das ist richtig, aber wir wollen es dann doch noch ein wenig genauer wissen.

Sie brauchen jetzt noch die Bilder für den 25.10.1929. Also für die 25, für die 10 und für die 29. Ich gehe jetzt einfach mal davon aus, dass Sie wissen, dass der Schwarze Freitag im letzten Jahrhundert war, und dass Sie somit die 19 nicht verbildern müssen.

Gut, die 25 ist die Taille, die 10 ist die Bibel und die 29 ist das Gesicht.

Welche der Zahlen verknüpfen Sie als Erste mit Ihrem Briefkasten? Ich schlage Ihnen vor, immer mit der Jahreszahl zu beginnen. Meist müssen Sie nämlich nur das Jahr wissen, wann das Ereignis war. Machen Sie es sich zur Regel: Erst das Ereignis, dann die Jahreszahl. Wenn Sie dann noch Lust haben, merken Sie sich noch den Tag und den Monat. In unserem Fall steht das Gesicht für die Jahreszahl 29. Das verbinden wir zuerst mit dem Schwarzen Freitag. Die Geschichte könnte dann wie folgt lauten:

Blut tropft aus Ihrem Mund und Ihrer Nase mitten auf das Börsenparkett. Der Schwarze Freitag hat Sie voll getroffen. Mitten ins Gesicht. Sie sind angeschlagen. Total. Aus Ihrer Taille ziehen Sie eine Bibel heraus und beten, damit es nicht noch schlimmer wird. Kurz zusammengefasst: blutendes Gesicht, Taille und Bibel.

Und somit haben Sie den Schwarzen Freitag im Jahr 1929 am 25. Oktober (10) in eine Emotion, in eine Geschichte, verpackt.

Versuchen Sie es mal mit dem nächsten historischen Datum: Die Titanic sinkt im Jahr 1912 in der Nacht vom 14. April auf den 15. April.

Was verbildern Sie zuerst? Ganz genau, am besten das emotionale (dramatische) Ereignis: die sinkende Titanic.

Als Nächstes die Jahreszahl: 1912.

Also: Was sehe ich, was passiert auf der Titanic? Als die Titanic den Eisberg rammt, kippt eine gigantische Standuhr beim Captain's Dinner um. Vielleicht haben Sie ja den Film mit Leonardo DiCaprio und Kate Winslet gesehen. Darin steht diese große Uhr in dem pompösen Treppenaufgang. Die Uhr steht für die 12 und somit für das Jahr 1912. Jetzt brauchen Sie noch die Bilder für den 14. April. Also 14 und 4. Und welche Bilder finden wir für diese Zahlen in der Einhorn-Liste? Blumen – zum Beispiel ein Rosenstrauß – stehen für die 14 und der Tisch für die 4. Also: 14. April. Die Standuhr knallt also auf einen überdimensionalen Rosenstrauß, der auf einem pompösen Marmortisch steht.
Noch mal: Als Erstes sehen Sie die Titanic gegen den Eisberg fahren, durch den Aufprall fällt die große Standuhr im Treppenaufgang auf einen überdimensionierten Rosenstrauß, der auf einem Marmortisch steht. Die Titanic ist somit im Jahr 1912, und zwar am 14. April, gesunken.

21. Mai 1927 – ein anderes Ereignis
Das fand am 21. Mai 1927 statt. Und zwar vollendete an diesem Tag zum ersten Mal ein Mensch ganz allein einen Flug über den Atlantik – und das ohne Zwischenlandung. Von New York nach Paris. Charles Augustus Lindbergh ist der Name dieses Mannes. Und sein Name ging in die Geschichte der Luftfahrt ein.

Sie erinnern sich: Der mentale Briefkasten, mit dem Sie das Datum verknüpfen, ist das Ereignis selbst. In diesem Fall die Atlantiküberquerung. Der zweite Schritt ist: Sie verwandeln das Datum in einzelne Bilder und machen daraus eine Geschichte. Nichts leichter als das. Die Jahreszahl 27 sind die Schultern aus der Körperliste. Und der 21. Mai (05) sind die Zehen (21) beziehungsweise die Füße – ebenfalls aus der Körper-Liste – und die Hand (5) aus der Einhorn-Liste. Meine Frage nun: Wie hat Lindbergh den Atlantik überquert? Das ist ja mein mentaler Briefkasten! Nun, Lindberg bereitet sich für seinen Atlantikflug vor. Er steht auf einer Klippe. An seinen Schultern sind Tragflächen montiert. Mit seinen Füßen nimmt er Anlauf und – schwups! – fliegt er über den Atlantik. Bei der Landung muss er sich mit seinen Händen abfangen.

....

NICE TO KNOW

....

Noch zur Info: Lindbergh war zwar der Erste, der allein ohne Zwischenstopp den Atlantik überquerte. Für diesen Flug hat er alle Lorbeeren eingesackt. Aber Lindbergh war nicht der Erste, der überhaupt den Atlantik von Amerika nach Europa ohne Zwischenstopp überflog – auch wenn viele das denken. Dieser Ruhm gebührt vielmehr zwei Herren, die gemeinsam im Flieger saßen: die eher unbekannten Herren John Alcock und Arthur Whitten Brown, die diese Leistung bereits im Jahr 1919 erbrachten.

....

In meinen Trainings meint an dieser Stelle mindestens eine Person: „Moment mal, Markus. Du sagst, alle Kalenderdaten können wir uns mit der Einhorn- und der Körper-Liste merken? Alle Daten? Aber was ist mit dem 31.?"

Stimmt, die 31 war nicht dabei. Dafür gibt es dann die Loci-Methode (siehe Seite 56).

Nun haben Sie wirklich schon einige praktische Hilfestellungen an die Hand bekommen, wie Sie sich Ihren Alltag erleichtern und sich Zahlen oder Informationen besser merken können. Im nächsten Kapitel widmen wir uns Ihrer Medienkompetenz. Wenn Sie Gedächtnistraining und Medienkompetenz kombinieren, sind Sie gewappnet für Ihre Zukunft in unserer zunehmend digitalen Welt.

KAPITEL 4:

iPhone – also bin ich?

....

Die digitale Welt bietet mehr Chancen als Risiken –
wenn Sie sich auskennen! Es kommt ganz darauf
an, wie Sie mit den neuen Medien umgehen. In den
unendlichen virtuellen Weiten kann man sich nämlich durchaus leicht verlieren. Damit Ihnen das nicht
passiert, steht dieses Kapitel ganz im Zeichen Ihrer
Medienkompetenz!

....

Das Internet – Zwischenlager für Erinnerungen?

Das Internet ist wirklich ein tolles Hilfsmittel. Vieles, was man vergessen hat, findet man dort. Hat man eine Frage, will man etwas wissen, tippt man ein paar Worte in die Suche-Zeile bei Google (oder einer anderen Suchmaschine) ein – und schon Sekunden später hat man eine Antwort. Eine Antwort? Nein, das wäre zu einfach. Je nachdem, was man sucht, bekommt man millionenfache Antworten. Je geschickter man fragt, desto treffgenauer sind die angebotenen Links. Die Krux an der Sache: Trotzdem sind es zumeist noch zu viele, als dass man sie alle ausprobieren könnte. Insofern lässt sich das Internet mit dem semantischen Gedächtnis vergleichen: Es ist ein gigantischer Faktenspeicher – nicht mehr und nicht weniger. Smartphone & Co. machen es möglich: Einkaufsliste, wichtige Telefonnummern oder auch Termine – wie zum Beispiel den eigenen Hochzeitstag – müssen Sie sich nicht mehr merken, Sie können sie in Ihrem Smartphone- oder Outlook-Kalender nachschauen. Heute besitzt jeder Bundesbürger im Schnitt zwei bis drei Computer: PC, Laptop, Ultrabook, Tablet, Smartphone.

Bücher gibt es noch, aber immer mehr davon werden auf E-Readern gelesen, Fotos entstehen digital und werden auf dem PC gespeichert. Das ist superkostengünstig, platzsparend und praktisch. Ja, selbst Omas sind online: Immer mehr Großeltern machen Bildtelefonie via Skype oder sind auf Facebook unterwegs, um den Nachwuchs auch zwischen den Geburtstagen und Weihnachten öfter zu sehen. Ob es einem nun gefällt oder nicht: Computer sind mit unserem Alltag untrennbar verbunden, und das wird sich auch nicht mehr ändern. Sie öffnen uns neue Dimensionen der Kommunikation, bringen uns mit Menschen zusammen und verbinden uns mit der ganzen Welt. Was wir dabei manchmal vergessen, ist die Tatsache, dass wir diese Komplexität selbst erschaffen haben – und gar nicht mehr anders können, als „noch mehr" wissen zu wollen.

Es ist doch so: Wenn Sie etwas wissen wollen, geben Sie es bei Google ein, oder? Der erste Weg führt Sie dann zu Wikipedia, richtig? Sie sind natürlich auch auf Facebook oder Twitter oder beidem. Sie wissen, was ein Blog ist oder wie man einen schreibt. Auf Papier gedruckte Überweisungsformulare kennen Sie nur noch vom Hörensagen, Onlinebanking ist doch ohnehin viel bequemer. Und wenn Sie in den Urlaub fahren, dann lassen Sie sich die Route von Google Maps berechnen und schauen sich das Urlaubsdomizil auf Google Earth von oben an. Hotels und Ferienhäuser werden natürlich online gebucht – wer braucht denn heute noch ein Reisebüro oder persönliche Beratung? Nach dem ausführlichen Studium der diversen Bewertungsportale weiß man ja, was einen erwartet. All das ist heute normal. Das Leben ist vielfältig, wird aber auch immer unübersichtlicher. Das Internet hilft uns, die immer komplexere Welt besser zu verstehen, eröffnet uns neue Dimensionen der Kommunikation und bringt Menschen zusammen. Doch helfen die technischen Möglichkeiten auch gegen das Vergessen – oder beschleunigen sie es gar? Wie viel müssen wir uns noch merken und wie viel können wir in Computer auslagern? Ich behaupte: Analoge Ignoranz ist auch nicht besser als „Digitale Demenz".

Eine Welt ohne Google ist doch heute unvorstellbar – oder? Und deshalb braucht man sich auch keine Sorgen zu machen ob eventueller Spätfolgen. Wie schon gesagt: Das Gehirn wächst mit seinen Aufgaben und auch die intelligente Nutzung digitaler Medien erfordert Wissen und die Fähigkeit zu lernen.

Ich vergleiche das Lernen gern mit einem Netz, in dem bestimmte Worte und Themen (man könnte sie auch als Tags bezeichnen) wie kleine Anker fungieren. Aus der Informationsflut, die täglich auf uns einströmt, fischt sich unser Gedächtnis genau jene Informationen, die zu den Wissensankern passen, die in unserem Langzeitgedächtnis angelegt sind. Dadurch wird das Wissensnetz immer dichter und komplexer.

Das autobiografische Gedächtnis, das uns Menschen einzigartig und zu individuellen Persönlichkeiten macht, kann kein Computer rekonstruieren – denn Emotionen sind (noch) nicht programmierbar.

Unser Gedächtnis: Vorbild für Suchmaschinen
Die klassischen Suchmaschinen-Anbieter (zum Beispiel Google, Yahoo etc.) scannen das Internet mit Suchprogrammen, die jede Webseite automatisch – ohne menschliches Zutun – analysieren, bewerten und „verschlagworten". Eine Überprüfung der Inhalte durch reale Menschen findet nicht statt.

Und beim „Verschlagworten" sind wir auch schon gleich beim Thema. Jeder Website im Internet werden automatisch sogenannte Tags zugeordnet. Diese Schlagwörter werden in einem Index gesammelt, der – wie das Register eines Buches – alphabetisch geordnet ist. Im klassischen Buch-Register oder Stichwortverzeichnis sind dem Suchbegriff Seitenzahlen zugeordnet, im Internet werden hingegen die Internetadressen (sogenannte URLs, engl. Uniform Resource Locators) der Dokumente abgelegt, auf denen bestimmte Stichwörter auftauchen.

Tag und Nacht sind spezielle Computerprogramme der Suchmaschinen-Anbieter auf der Suche nach neuen Seiten und optimierten Schlagwörtern. Denn im Wettstreit um die Gunst des Users geht es darum, für jede Eingabe das optimale Ergebnis zu erzielen.

Im Prinzip haben die Suchmaschinen-Betreiber sich dieses System vom menschlichen Gedächtnis abgeschaut. Denn auch dieses funktioniert ähnlich, indem es neue Informationen, die ein Mensch „aufnimmt", mit bereits bekannten Informationen abgleicht und verknüpft. Was braucht man also, um bei einer Suchmaschine eine ganz bestimmte Information zu finden? Das Grundprinzip jeder Internetsuche ist: Je differenzierter die Suchanfrage, desto sicherer die Ergebnisliste. Man braucht also Wissen, um daraus Transferwissen herzustellen. Man muss explizit wissen, welche Begriffe man in welcher Kombination eingeben muss, um ein möglichst präzises Suchergebnis zu erzielen. Wenn wir in unserem Gedächtnis kramen und versuchen, uns an etwas zu erinnern, ist das ganz ähnlich. Je mehr Details wir präsent haben, desto schneller und präziser kommt die Erinnerung. Und die besten Treffer erzielen wir mit möglichst kuriosen Details, eben solchen, die eine Information „einzigartig" machen.

Was mich persönlich am Internet so fasziniert, ist die Tatsache, dass die Entwickler zunehmend versuchen, die Internetsuche „mundgerecht" zu gestalten. Dazu gibt es beispielsweise jetzt die sogenannten semantischen Suchmaschinen. Klingt spannend, ist es auch!

Wissen Sie, was semantische Suchmaschinen sind?

Semantische Suchmaschinen versuchen aus dem Wortlaut der Eingabe in der Suchzeile einen möglichst genauen Treffer zu generieren. Das bedeutet: Wenn ich eine Frage eintippe, sucht die Suchmaschine eine passende Antwort. Ein Beispiel: die klassische Suchmaschine wird mir auf die Eingabe „John Lennon" + „Tod" – eine Reihe von Websites anbieten, die mir alle möglichen Informationen über den Musiker John Lennon und die Umstände seines Todes anbieten. Aber vielleicht will ich ja etwas ganz Bestimmtes wissen, zum Beispiel wie John Lennon ums Leben kam?

Bei einer semantischen Suchmaschine kann ich ganz konkrete Fragen eingeben:

„Wie starb John Lennon?" oder „Wann starb John Lennon?". Die neue Suchmaschinengeneration wird mir dann nur Websites anbieten, auf denen die eine oder die andere Frage exakt beantwortet wird. Bei der ersten Frage lautet die Antwort: Mord, Schuss, Schusswunde, bei der zweiten Frage erscheint: 8. Dezember 1980, New York City, USA. Klare Fragen – präzise Antworten.

Eine Suchmaschine, die sich nur an Stichwörtern orientiert, wird also bei der Eingabe von Stichwörtern immer mehr oder minder die gleichen Ergebnisse präsentieren, bei der semantischen Suchmaschine, die auch versucht, die Wortbedeutung zu analysieren, werden sich die Treffer je nach Frage unterscheiden und präziser sein. Zudem kann man ja auch ein und dieselbe Frage unterschiedlich formulieren – auch das erkennen die semantischen Suchmaschinen und sie liefern zu gleichen Fragen in unterschiedlichen Formulierungen die gleichen Antworten.

Das Gute am Internet ist, dass es unsere Neugier weckt. Denn dadurch „lernen" wir ständig hinzu. Die Herausforderung ist: Wir suchen das eine und finden etwas anderes … Und so wird das virtuelle Nirwana zu unserer Ablenkung und Zerstreuung Nummer eins! Aus diesem Grund habe ich mir angewöhnt, Internet-Zeitlimits einzuhalten. Dann kann mir das nicht passieren. Stoße ich dann während einer Recherche auf Seiten und Links, die mich auch interessieren und die gerade keine Priorität haben, sammle ich diese in einem Dokument und lege es auf meinem Rechner ab – für später. Meine Empfehlung lautet: Verbringen Sie maximal ein bis zwei Stunden am Stück mit Surfen im Netz. Damit fahre ich persönlich gut. Nutzen Sie diese Zeit so optimal Sie können, dann haben Sie hinterher auch das Gefühl, dass Sie effektiv waren. Sie haben schon vor dem Ende Ihres Zeitlimits gefunden, was Sie suchen? Glückwunsch, dann können Sie ja jetzt einen Spaziergang an der frischen Luft machen, Zeitung lesen, jemanden anrufen oder genüsslich eine Tasse Kaffee oder Tee trinken.

Bei Ihnen piept's wohl!?

Die Geschwindigkeit, mit der die digitalen Medien die Gesellschaft transformieren, ist neu. Johannes Gutenbergs Buchdruckerkunst brauchte einst rund zwei Jahrhunderte, um sich global durchzusetzen. Der Hörfunk benötigte noch zwei Jahrzehnte. Das Smartphone hat den Planeten in nur fünf Jahren erobert – es ist faszinierend, was man mit diesem kleinen Wunder der Technik alles anfangen kann!

Das Smartphone oder Handy ist das Yin und Yang der digitalen Welt. Es steht für große Freiheit und totale Kontrolle, ist Bedrohung und Erlösung zugleich. Wir tragen die ganze Welt in unserer Jackentasche und sind (theoretisch) immer erreichbar. Mal ehrlich: Schaffen Sie es, sich der permanenten Kommunikation zu entziehen? Die Ambivalenz des Produkts zerreißt jeden Nutzer: Man liebt und hasst es zugleich, sein Smartphone.

Nutzen Sie nicht auch die vielen kleinen digitalen Helferlein, die Sie auf dieses und jenes aufmerksam machen, damit Sie es nicht vergessen? Früher machte man sich einen Knoten ins Taschentuch, um sich an etwas zu erinnern – heute trägt man es in seinen elektronischen Kalender ein. Wir lagern vieles, was wir uns merken müssen, auf diese externen Festplatten aus und werden dann durch einen Piepton daran erinnert.

Smartphones piepsen, um uns an Termine zu erinnern. Backöfen piepsen, wenn sie die gewünschte Backtemperatur erreicht haben. Waschmaschinen und Spülmaschinen piepsen, wenn sie fertig sind. Autos piepsen, wenn wir uns nicht angeschnallt haben. Rückfahrsensoren piepsen, wenn wir zu nahe an ein anderes Auto heranfahren. Wecker piepsen, wenn wir morgens aufstehen müssen. Der Piepton als Gedächtnisstütze ist universell – und wir stumpfen allmählich ab.

Merkwürdig ist eigentlich, dass wir unser Gehirn selten selbst bemühen, sich an etwas zu erinnern, was wir uns merken wollen. Vertrauen wir unter Umständen der digitalen Technik mehr als uns selbst?

Nun, wenn es so sein sollte, dann wird es jetzt Zeit, etwas daran zu ändern!

Wenn Sie die Übungen im Kapitel 3 gemacht haben, sind Sie bereit für die nächste Lektion. Bringen Sie etwas Farbe in Ihre grauen Zellen!

Denken wir nur noch mal an unsere ständige Erreichbarkeit. Durch das Smartphone sind der permanenten Kommunikation keine Grenzen mehr gesetzt – zumindest keine zeitlichen. Damit hat man die Möglichkeit, rund um die Uhr und überall dabei zu sein.
Aber: Halten wir das auf Dauer aus? Wie viel ist zu viel? Und wann ist es genug?

Eines steht fest: Je mehr Zeit wir im Dauerfeuer digitaler Kommunikation verbringen, desto weniger Zeit haben wir, all das Erfahrene zu reflektieren, zu bewerten und im Kopf abzuspeichern. Und das ist und bleibt ja die Voraussetzung dafür, dass wir uns auch später noch an wichtige Fakten erinnern.

Sind Sie auch ein Kommunikationsjunkie?
Laut Angaben des Bundesverbandes für Informationswirtschaft, Telekommunikation und neue Medien e.V. (BITKOM) haben 82 Millionen Deutsche 114 Millionen Handyverträge. Mit jedem Handy wird durchschnittlich 196 Minuten pro Monat telefoniert. Und: Über 77 Prozent aller Deutschen (über 14 Jahre) sind permanent online.[1] Diese Zahlen sprechen eine eindeutige Sprache: Wir kommunizieren ohne Grenzen, manchmal sogar ununterbrochen.

Ohne Handy oder Smartphone geht heute niemand mehr aus dem Haus. Der Fluch oder Segen einer ständigen Erreichbarkeit hat inzwischen jeden eingeholt. Die verschiedenen Generationen nutzen das Handy oder Smartphone anders. Die Youngsters telefonieren seltener, dafür schreiben sie SMS, WhatsApp oder chatten auf Facebook.

Machen Internet und Smartphone wirklich süchtig? Ja, nein, weiß nicht – da streiten sich selbst die Experten.

Prof. Manfred Spitzer behauptet: „Neue Medien haben wie Alkohol, Nikotin und andere Drogen Suchtpotenzial. Computer- und Internetsucht sind hierzulande mittlerweile häufig auftretende Phänomene mit verheerenden Folgen für die Betroffenen."[2]

Meine persönliche Einstellung zu Spitzers Behauptungen kennen Sie ja bereits. Ich schließe mich da ganz dem Kollegen Klaus Jantke an, Professor und Abteilungsleiter für Kindermedien bei Fraunhofer IDMT. Er hält wissenschaftlich fundiert dagegen: „Bei den nicht stofflich verursachten Süchten ist es so, dass man dem Menschen den Medienreiz anbietet, und der Körper muss die Stoffe erzeugen, die dann wirken. Hier ist es komplizierter als zum Beispiel beim Alkohol, weil nicht jeder Körper, nicht jeder Mensch darauf gleich reagiert. Wenn jemanden beispielsweise das Spielen überhaupt nicht interessiert, und er sagt: ‚Lass mich doch

[1] Quelle: /www.bitkom.org/files/documents/Vertrauen_und_Sicherheit_im_Netz.pdf
[2] Quelle: www.mediaculture-online.de/Stellungnahme-zu-Manfred-Spitz.1965.0.html#c12094

zufrieden', dann ist das ein Mensch, bei dem das Medium nicht wirkt, obwohl es bei anderen zum Beispiel zu Ausschüttung von Dopamin und freudigen Erlebnissen führt. Das ist der allererste Unterschied, den man sehen muss. Nicht stofflich verursachte Süchte wirken bei Menschen, die sich darauf einlassen. Die Frage ist: ‚Können wir nicht Menschen dahin bringen, dass möglichst viele sich gar nicht oder nicht sehr intensiv darauf einlassen?' Aber auch dazu braucht es die Auseinandersetzung mit den Inhalten [um beim genannten Beispiel zu bleiben, A. d. R.] mit den Computerspielen in all ihren Variationen."[3]

Ja, für die Auseinandersetzung mit Inhalten und einen medienkompetenten Umgang plädiere ich stark. Grenzen setzen wird in Zukunft immer wichtiger werden! Was mich persönlich diesbezüglich bewegt ist, dass uns diese mobilen Teile quasi auffordern, mehr zu wollen, ohne dass wir wissen, warum wir es wollen. Wir kommunizieren mehr, doch mit weniger Inhalt.

[3] Ebda.

Was ist eigentlich Kommunikation?

Das Wort „Kommunikation" kommt vom lateinischen communicare und wird mit „(mit)teilen" oder „vereinigen" übersetzt. Diese Übersetzung zeigt uns vor allem eins: Zu einer gelungenen Kommunikation braucht es immer (mindestens) zwei Beteiligte – nämlich einen Sender, der etwas zu sagen hat, und einen Empfänger, der diese Nachricht aufnimmt. Der Vorgang an sich vereinigt die beiden und macht aus Kommunikation eine soziale Handlung.
Kommunikation ist mehr als der bloße Austausch von Worten. Sie ist auch der Transfer von Wissen, der Austausch von Meinungen und Gefühlen. Menschen sprechen miteinander nicht nur durch Worte, sondern unterstreichen das Gesagte mit Gestik und Mimik, mit Tonlage und Körpersprache ganz allgemein. Oft wird das, was gesagt wird, auch durch die nonverbale Kommunikation ad absurdum geführt. Fakt ist, dass eine Kommunikation, die von einer lebendigen Körpersprache begleitet ist, immer auch die emotionale Ebene unseres Gehirns anspricht – und uns deshalb besser im Gedächtnis bleibt.

Der digitale Wandel

Sie sitzen gemütlich mit Freunden zusammen und plötzlich taucht die Frage auf: Welches sind die sieben Weltwunder der Moderne? Gut, zwei, drei, vier kennt man landläufig, aber alle sieben? Noch vor einigen Jahren hätte man mit diesem amüsanten Wissensaustausch locker eine Stunde füllen können, heute geht das nicht mehr. Spätestens nach fünf Minuten hat einer in der Runde sein Smartphone gezückt, sich ins Internet eingewählt und referiert den Anwesenden den entsprechenden Wikipedia-Eintrag inklusive der Begründung der Auswahlkommission und der historischen Hintergründe. Wie langweilig …

Gemeinsam einsam sein, das ist ja heute kein Problem mehr, hat doch jeder sein Handy griffbereit – es liegt gleich neben Messer und Gabel auf dem Tisch.

Viele Informationen, die wir aus digitalen Medien beziehen, erreichen uns in geschriebener Form. Unsere Sprache leidet, wenn wir sie per Smartphone-Tastatur niederschreiben. Bei manchen Übermittlungssystemen – man denke nur mal an die SMS – ist auch die Zeichenzahl der Texte eingeschränkt. Dann wieder haben wir auch die Möglichkeit, den Worten Bilder anzufügen oder gar eine Videosequenz. Natürlich gibt es auch Bildtelefonie wie mit Skype, bei der man dem Gesprächspartner ins Gesicht sieht. Trotzdem hat das eine andere „Qualität". Die neuen Gewohnheiten sind irgendwie distanzierter und führen dazu, dass wir – selbst wenn wir die Chance dazu haben – in eine lebhafte Diskussion immer seltener eintauchen. Weil wir alle mehr und mehr versunken sind in unsere kleinen quadratischen Bildschirme oder weil wir unsere Stöpsel im Ohr haben – und uns kaum noch umschauen oder uns mit Menschen, denen wir begegnen, unterhalten ...

Fakt ist aber: Sämtliche Varianten der digitalen Kommunikation (Mail, SMS, Chat, WhatsApp etc.) reichen an die „klassische" Face-to-face-Kommunikation nicht heran.

Multitasking ist unmöglich!

Die Krux an der Informationsflut auf allen Kanälen ist, dass die neuen Informationen einen Steinzeitreflex bei uns auslösen. Dieses „Ständig-nach-Neuem-Ausschau-Halten" war für die Evolution überlebenswichtig. Wir können also gar nicht anders, als beim Auftauchen einer neuen Information unsere Aufnahmemechanismen des Gehirns „anzuschalten" – und alles andere gedanklich „stehen und liegen zu lassen". Unsere Aufmerksamkeit fokussiert sich voll und ganz auf das Neue – und die Konzentration auf etwas anderes ist erst mal dahin.

Wer mehrere Dinge zur selben Zeit macht und immer mehrere „Eisen im Feuer hat", galt früher als Chaot. Heute ist solch ein Tausendsassa wahrscheinlich ein Multitasking-Talent. Muss man ja auch sein, denn die Welt dreht sich – gerade im Berufsleben – immer schneller: E-Mails und SMS prasseln herein, das Telefon klingelt, ein Kunde braucht etwas, das nächste Meeting wartet. Und auf dem Schreibtisch wächst der Papierberg in gefährliche Höhen.

Ist es da nicht normal, dass ein Chef im Gespräch mit seinem Mitarbeiter ein Telefonat annimmt, seine Mails checkt und in Gedanken das nächste Meeting durchspielt? Nein, ist es nicht. Es ist einfach nur unhöflich – und doch begegnen wir täglich solchen Phänomenen.

Fakt ist: Unser Kopf kann zur selben Zeit immer nur einen Gedanken denken.

Dabei ist Multitasking ein Mythos. Es ist schlichtweg unmöglich! Niemand kann mehrere komplexe Tätigkeiten gleichzeitig ausführen, das macht das menschliche Hirn einfach nicht mit. Denn es kann sich zeitgleich nur auf eine, maximal zwei komplexe Tätigkeiten konzentrieren, das haben französische Wissenschaftler herausgefunden.

Wenn wir uns auf eine Sache konzentrieren, werden andere Sinneswahrnehmungen ausgeblendet. Den kognitiven Fähigkeiten des Menschen sind natürliche Grenzen gesetzt. Zwar ist es problemlos möglich, beispielsweise zu bügeln und dabei fernzusehen oder Musik zu hören und dabei den Gedanken freien Lauf lassen. Doch bei komplexeren Tätigkeiten sieht das ganz anders aus! Wer ein Telefonat führt und gleichzeitig mitschreibt, tut nicht wirklich beides zur selben Zeit. Vielmehr wechselt das Hirn rasant zwischen beiden Tätigkeiten hin und her. Das Ergebnis: Man bekommt nur die Hälfte mit.

Menschen sind keine Maschinen.

Ja, das ist blöd, weil man die andere Hälfte schon wieder vergessen hat, bevor sie abgespeichert werden konnte. Diverse Studien der Universität Stanford legen sogar nahe, dass Multitasking zu einem Leistungsabfall führen kann. Wer weiß, was in seinem Job wirklich zählt, sollte also das Multitasking aufgeben – und eines nach dem anderen tun: die wichtigen Dinge zuerst, der Rest erledigt sich dann eh oft von selbst.

Generation Sprachlos?
Manchmal hat man den Eindruck, dass man sich mit allen verfügbaren Medien geradewegs in die totale Sprachlosigkeit kommuniziert.

Na ja, obwohl wir für die korrekte Rechtschreibung und zur Unterstützung ja eigentlich eine Autokorrektur-Funktion oder das berühmte T9 haben. So wollte ich beispielsweise vor einigen Jahren meinem Chef noch spät eine SMS schreiben: „Es tut mir leid, dass ich Sie so spät stören muss." Doch T9 machte daraus: „Es tut mir leid, dass ich Sie so spät stoßen muss." An Silvester werden Revolutionäre von T9 beglückt: Aus „guten Rutsch" wird „guten Putsch". Und neulich bekam ich eine SMS-Geburtsanzeige, bei der das Autokorrektur-Programm ebenfalls mitgemischt hat: 18:00 Wir sind endlich Papa und Mama! Um 15:21 Uhr kam der kleine Nazi zur Welt.

18:03 Maxi, nicht Nazi!

Eine SMS kann außerdem nie etwas „zwischen den Zeilen" transportieren, also den Unterton, das Gefühl. Dadurch baut man eine Distanz auf und so manche Worte können schneller verletzen, weil man den Empfänger ja nicht direkt vor sich hat. Selbst ein Leerzeichen zu wenig kann einen Satz komplett sinnlos machen. „Ich kann gut Mitmenschen umgehen!"

Aber davon abgesehen, schreiben wir in einer SMS zumeist ja sowieso keine kompletten Sätze mehr. Wir verstricken uns dabei in mehr oder minder kunstvollen Kürzeln und können insgeheim nur hoffen, dass der Empfänger sich darauf einen Reim und dann noch den richtigen machen kann. Da kann man doch verstehen, dass sich manch einer die Frage stellt: Kann jemand, der nicht mehr klar, sauber und bisweilen ausführlich schreibt, noch klar, sauber und ausführlich denken? Ich gebe Ihnen mal ein Beispiel, das seit Jahren im Internet kursiert und das die gigantischen Fähigkeiten unseres Gehirns in Bezug auf Sprache verdeutlicht.

„Gmäeß eneir Sutide eneir elgnihcesn Uvinisterät ist es nchit witihcg, in wlecehr Rneflogheie die Bstachuebn in eneim Wrot snid, das Ezniige, was wcthiig ist, ist, dass der estre und der leztte Bstabchue an der ritihcegn Pstoiion snid. Der Rset knan ein ttoaelr Bsinöldn sien, tedztorm knan man ihn onhe Pemoblre lseen. Das ist so, wiel wir nciht jeedn Bstachuebn enzelin leesn, snderon das Wrot als gseatems."[4]

[4] „Gemäß einer Studie einer englischen Universität ist es nicht wichtig, in welcher Reihenfolge die Buchstaben in einem Wort sind. Wichtig ist, dass der erste und der letzte Buchstabe an der richtigen Position sind. Der Rest kann ein totaler Blödsinn sein, trotzdem kann man ihn ohne Probleme lesen. Das ist so, weil wir nicht jeden Buchstaben einzeln lesen, sondern das Wort als gesamtes." Quelle: www.fehler-haft.de/wissen/buchstabensalat.html

Was mich an diesem kurzen Text fasziniert, ist die Tatsache, wie leicht man diesen Buchstabensalat dennoch versteht. Dieser Beispieltext funktioniert besonders gut, weil es sich dabei um bekannte und gebräuchliche Wörter handelt. Wer also lesen kann, erkennt das Wort und seine Bedeutung sofort, wenn er es sieht. Demnach besitzt unser Gehirn eine Art „Autokorrektur-Programm", weil es sich an die richtige Reihenfolge der Buchstaben erinnert. Das Gehirn „errät" also das richtige Wort.

Fachleute sprechen dabei von einer Form der Apophänie. Darunter versteht man die plötzliche Wahrnehmung von Verbindungen und Bedeutungen in nicht miteinander in Zusammenhang stehenden Phänomenen (in diesem Fall Buchstaben). Untersuchungen zeigten, dass selbst Texte mit bis zu 80 Sätzen (bei denen die Buchstaben wie oben vertauscht wurden) noch problemlos verstanden werden, wenn Wortanfang und -ende korrekt sind.

SMS – die Kurzmitteilung

Na, das scheinen ja gute Neuigkeiten zu sein. Dann ist das mit den Fehlern in SMS-Texten doch nur halb so wild! Vielleicht wird ja die Rechtschreibung auch einfach überbewertet? 3.417 Textnachrichten, also SMS, bekommt ein amerikanischer Teenager durchschnittlich pro Monat, das sind stündlich sieben bis acht Mitteilungen – gerechnet auf einen 16-Stunden-Tag.[5] Die Abkürzung SMS (Englisch: Short Message Service) wird mit „Kurzmitteilung" übersetzt. Trotz – oder gerade ob – der Zeichenzahlbeschränkung ist das Simsen (die Tätigkeit des SMS-Schreibens) inzwischen Kult. Vertragsverhandlungen, Liebesgeflüster oder das Ende einer Beziehung (danke, Boris Becker!) – per SMS lässt sich heute (leider) alles Mögliche abwickeln. Übrigens: Allein im Jahr 2013 wurden 168,3 Millionen SMS pro Tag verschickt.[6] Dank Emoticons können wir mit SMS sogar Emotionen und Stimmungslagen vermitteln.

Emoticons

Das Wort „Emoticon" ist eine Wortkreuzung aus Emotion und Icon. Der bekannteste Vertreter ist das Smiley ☺. Es besteht klassisch aus einem Doppelpunkt, Bindestrich und einer halbrunden Klammer. Gibt man diese Kombination ein, verwandeln viele Computerprogramme und Mobiltelefone das automatisch in eine Emoticon-Grafik.

Ein anderes Beispiel: das Herz. In seiner Urform schreibt man es so: <3. Umgewandelt erscheint es, je nach Programm, flammend rot oder blassrosa. Der Versender hat keinen Einfluss darauf, in welcher Form es beim Empfänger ankommt.

[5] Quelle: Spiegel, 27/12, S. 69
[6] Vgl. jährliche Marktstudie des deutschen Telekommunikations-Branchenverbands VATM: www.n24.de/n24/Nachrichten/Netzwelt/d/3680194/pro-tag-werden-ueber-168-000-000-sms-verschickt.html

E-Mail für mich – Segen oder Fluch?

Spitzenreiter unter den elektronischen Nachrichtenformaten ist die E-Mail. Mehr als 145 Milliarden Mails werden laut Marktstudien des deutschen Telekommunikationsbranchenverbands VATM weltweit pro Tag verschickt. Das sind Zahlen, an die weder SMS, WhatsApp-Nachrichten oder Soziale-Netzwerk-Chats heranreichen können. Zumindest noch nicht! Die E-Mail ist ja vergleichsweise irgendwie schon fast ein Oldie. Vor mehr als 40 Jahren in den USA erfunden und seit Anfang der 80er-Jahre auch in Europa daheim. Was ursprünglich als Experiment begann und sich milliardenfach verbreitete, gehört inzwischen einfach dazu zu unserem Alltag. Manchmal werden sie schon Plage … Aber E-Mail abschaffen? No way!

Dabei sind E-Mails viel zu unsicher – sie sind ein Sicherheitsrisiko für jeden Absender. Das wissen wir spätestens seit der Abhöraffäre rund um unsere Bundeskanzlerin. Trotzdem wird das ignoriert, denn die E-Mails sind heute schon untrennbar mit dem Leben der Menschen verbunden. Nicht selten bestimmt die eingehende Post den Takt, in dem wir arbeiten.

Aber warum ist das bloß so? Weil es einfach ist! Vom Grundprinzip her entsprechen E-Mails am ehesten unserem Verständnis von Kommunikation:

E-Mail = ein Sender, mehrere Empfänger, eine Nachricht

Eine E-Mail kann an mehrere Empfänger geschickt werden, man kann sie speichern, löschen, archivieren, ausdrucken und kopieren. Man kann Texte, Bilder und Videos anhängen und ist man mal nicht da, erledigt der „Abwesenheitsassistent" die Post.

Wer hat's erfunden?

Raymond Samuel Tomlinson hat die E-Mail erfunden. 1972 verschickte er die erste elektronische Nachricht. Um festzulegen, an wen sich die E-Mail richtet, entwickelte er die E-Mail-Adresse – eine Kombination aus dem Namen des Empfängers und dem Namen des Computers, verbunden mit dem @. Dieses Zeichen wählte Tomlinson einzig und allein, weil es auf seiner Tastatur war und nur selten benutzt wurde. Im Deutschen sagt man zum @-Zeichen auch „Klammeraffe" – im Chinesischen „kleine Maus".

Klingt doch alles ziemlich praktisch, oder? Aber Sie ahnen es schon: Ja, da gibt es auch einen Haken. Mails sind nämlich nicht nur eine Erleichterung, sondern können auch zu einer Belastung werden. Unter neurologischen Aspekten betrachtet, sind Mails vor allem Konzentrationsstörfeuer. Durchschnittlich eine Minute braucht es, bis man sich nach dem Lesen einer Mail wieder auf seine eigentliche Arbeit konzentrieren kann. Britische Wissenschaftler haben ermittelt, dass Angestellte 20 Stunden pro Woche nur damit beschäftigt sind, ihre Mails zu lesen, zu sortieren, zu löschen und zu bearbeiten. Das ist die Hälfte der Arbeitswoche.

Gibt es eine Lösung aus dem digitalen Dilemma?

Weil Zeit Geld ist, haben große Unternehmen bereits reagiert: Bei VW wird nach 18:15 Uhr keine elektronische Post mehr ausgeliefert. Bei Daimler werden Mails, die ein Mitarbeiter im Urlaub bekommt, automatisch gelöscht. Und beim IT-Konzern Atos gibt es demnächst gar keine E-Mails mehr: „Zero Email" heißt die Aktion. Dafür hat der Konzern ein firmeninternes Netzwerk aufgebaut, das ähnlich wie ein soziales Netzwerk funktioniert.[7]

Ich persönlich denke, E-Mails oder SMS, die man aufs Smartphone bekommt, lösen einen „Bestätigungseffekt" aus. Ertönt das „Pling" oder „Piiieps", fühlt man sich wichtig und gebraucht. Und: Es kostet dann viel Überwindung, nicht sofort darauf zu reagieren. Das Problem beginnt also im Kopf – und es lässt sich lösen! Den Signalton abzuschalten und feste Mailzeiten einzurichten ist zum Beispiel ein Anfang, um sich vom elektronischen Posteingang nicht dominieren zu lassen. Sie können auch die „Großen" als Vorbild nehmen: Machen Sie es wie die beschriebenen Firmen und schauen Sie nach 18:00 Uhr gar nicht mehr nach Ihren Mails!

Medienkompetenz heißt: Einfach mal abschalten!
Mal ehrlich: Wie gut kann man sich noch konzentrieren, wenn das Kurzzeitgedächtnis auf Daueraufnahme geschaltet ist? Und woran merkt man, wenn es zu viel wird?

[7] Quelle: Süddeutsche Zeitung, „E-Mail für immer", Ausgabe: 23./24. November 2013, S. 24

Bringen wir uns um unseren Verstand – oder gibt es einen „Notschalter" in unserem Gehirn, der uns automatisch vor Überlastung warnt?

Ich habe gute Nachrichten: Experten sagen, dass unser Gehirn in der Lage ist, sich den neuen Anforderungen anzupassen. Forscher haben herausgefunden, dass beim Suchen im Internet andere Gehirnregionen aktiviert werden als beim bloßen Erinnern an bereits Bekanntes. Unser Gehirn lernt assoziativ, was bedeutet: Neues Wissen baut auf vorhandenem Wissen auf. Wer also nichts weiß, kann auch nichts hinzulernen!

Genau deswegen ging es in diesem Kapitel um die Vermittlung von Wissen rund um die digitale Welt und eine grundsätzliche Erläuterung von Begrifflichkeiten.

Der nächste und mit wichtigste Schritt für Sie wird nun sein zu lernen, in Sachen Digitalisierung Wichtiges von Unwichtigem unterscheiden zu können. Dafür benötigen Sie Medienerziehung und -kompetenz! Ein bewusster Umgang mit den digitalen Medien bedeutet, zur rechten Zeit aus- und abschalten zu können – und den eigenen Medienkonsum maßvoll zu gestalten.

Ich kann immer und überall erreichbar sein, wenn ich möchte. Die Betonung liegt auf „kann"! Ich muss nicht. Ich bin stark genug zu entscheiden, dass mich ab jetzt keiner erreichen kann.

Es gilt, Abstand zu schaffen und die bewusste Entscheidung zu treffen – zwischen der digitalen und der realen Welt, dem Ablenkenlassen sowie einer dauernden Verfügbarkeit und dem Wesentlichen im eigenen Leben. Es ist wie mit allem: Die Menge und die Mischung machen den Unterschied!

Die Angst vor schädlichen Folgen, wie zum Beispiel digitaler Demenz, entsteht aus einer Unsicherheit im Umgang mit der verführerischen digitalen Reizüberflutung. Neue Entwicklungen machen uns Menschen zu Anfang immer erst einmal Angst, bis wir gelernt haben, mit ihnen umzugehen und ihren Einfluss auf uns zu steuern! Über die Erfindung der Schrift sagte Sokrates im 5. Jahrhundert vor Christi, sie mache vergesslich und vermittle das trügerische Gefühl, viel zu wissen, da man in einem Papyrushaufen von Informationen stöbern könne. Wahres Wissen werde im Dialog vermittelt. Gottfried Wilhelm Leibniz kritisierte die Buchdruckkunst und meinte, die Masse der Bücher werfe die Menschheit zurück in die Barbarei. Die Kritiker der bewegten Bilder, des Films, befürchteten gar den Verlust des analytischen Denkens.

Wer andauernd Filme konsumiert oder nur liest oder nur im Internet surft, tut sich damit genauso wenig einen Gefallen oder etwas Gutes wie jemand, der immer nur Salat oder nur Schokolade isst. Es bedarf selbstverständlich eines verantwortungsvollen Konsums. Wenn Sie Ihren gesunden Menschenverstand einsetzen und nutzen, werden Sie garantiert keine Schäden und erst recht keine „Digitale Demenz" erleiden!

Schließlich merken Sie schon selbst ziemlich deutlich, was Ihnen guttut oder nicht. Nehmen Sie wahr, wie Sie sich nach mehreren Stunden vor dem Bildschirm (TV, PC, Smartphone) fühlen. Sie haben schon tränende oder gerötete Augen? Dann wird es höchste Zeit, für Abwechslung zu sorgen! Machen Sie etwas anderes! Gehen Sie raus, machen Sie einen Spaziergang an der frischen Luft, telefonieren Sie, legen Sie einen Mittagsschlaf ein oder lassen Sie sich massieren. Schärfen Sie Ihr Bewusstsein dafür, ab wann es zu viel wird, und achten Sie auf die Signale Ihres Körpers. Bei der Erziehung von Kindern und Jugendlichen gilt das Gleiche wie für uns selbst: Sie sollten Alternativen kennen. Ja, es gibt Internet, Social Media, Smartphone und dadurch nahezu unbegrenzte Möglichkeiten – aber es existieren genauso ein Familienleben, echte Freunde und andere Aufgaben.

Effektiv sein heißt, maximal 20 Prozent der Zeit pro Tag im Internet und hinter oder vor dem viereckigen Flimmerkasten zu verbringen – und zwar gezielt. Ich selbst steuere meinen elektronischen Konsum und mein Zeitmanagement dadurch, dass ich mir bei allem die Frage stelle: Bringt mich das, was ich gerade tue, meinem Ziel, das ich erreichen möchte, näher? Dadurch erübrigen sich viele Dinge von selbst. Besonders E-Mails!

Sie brauchen keine Angst vor „Digitaler Demenz" zu haben. Im nächsten Kapitel erfahren Sie mehr zum Phänomen Vergesslichkeit und warum es völlig normal ist, wenn Sie hin und wieder etwas vergessen.

KAPITEL 5

Mit Kreativität gegen das Vergessen

Wie heißt noch mal der neue Nachbar? Ich kann mir meine Kontonummer einfach nicht merken! Wann hat Tante Gerda gleich wieder Geburtstag? Haben Sie sich auch schon einmal gefragt, woran es eigentlich liegt, dass wir uns an manche Sachen genau erinnern können und andere vergessen? In diesem Kapitel erfahren Sie, warum Vergessen völlig normal ist und wie Sie Vergesslichkeit aktiv gegensteuern können.

Warum Vergessen völlig normal ist

Die meisten Menschen haben sehr hohe Erwartungen an ihr Erinnerungsvermögen. Das liegt zum Teil daran, dass viele von uns eine falsche Vorstellung davon haben, wie Erinnern und Vergessen wirklich funktionieren. Einige Menschen stellen sich den Vorgang des Erinnerns so vor wie das Durchblättern eines Fotoalbums. Als ob man einfach eine Seite mit Bildern eines besonderen Ereignisses aufschlagen und sich dann wieder genau daran erinnern könnte – als ob das Betrachten der Fotos allein genügte, um ein Erlebnis eins zu eins wie einen Film vor dem inneren Auge ablaufen zu lassen.

Tut mir leid: Nein, so funktioniert es nicht. Unser Gedächtnis ist keine Kamera und das Erinnern kein Projektor, der einen Film abspult.

Vielmehr filtert unser Gedächtnis beim Abrufen von Erlebtem nur bestimmte Schlüsselelemente heraus. Rufen wir ein Erlebnis aus dem Gedächtnis ab, so wird das nie mehr so sein, wie es wirklich war – also kein „Original", sondern stets eine „Kopie" des Erlebten. In diese Neuerschaffung einer alten Erinnerung mischen sich Erfahrungen, die man inzwischen gemacht hat. Aktuelle Emotionen, Meinungen und Stimmungen „verfälschen" den ursprünglichen Eindruck des Erlebten.

Um bei dem Beispiel des Fotoalbums zu bleiben: Es ist dann so, als ob man das Originalbild mit einem aktuelleren Bild überkleben würde, auf dem zwar die Zutaten [Menschen und Dinge) sehr ähnlich sind, aber eben doch ein klein wenig anders. So kommt es, dass manches, was einmal wichtig war, verblasst – und etwas, das zuvor unwichtig erschien, jetzt in den Mittelpunkt rückt. Es liegt in der Natur der Sache, dass sich dabei auch Fehler einschleichen und dadurch Dinge in einem ganz neuen Licht erscheinen. All das ist normal und menschlich. Erinnern und Vergessen sind komplexe Vorgänge – und zwar nicht erst seit dem digitalen Zeitalter. Das vorliegende Kapitel ist dazu gedacht, Ihnen diese Prozesse näherzubringen.

Die sieben Arten des Vergessens

1. Transienz (Flüchtigkeit oder Vergänglichkeit)
2. Geistesabwesenheit
3. Blockierung
4. Fehlattribution (falsche Zuordnung von Ort, Zeit und Person)
5. Suggestibilität (Beeinflussbarkeit durch andere)
6. Verzerrung (Beeinflussung vergangener Erlebnisse durch die Gegenwart)
7. Persistenz (Beharrlichkeit und Nicht-vergessen-Können von Erlebnissen)

Transienz: Wie war das noch mal ...?

Wenn Erinnerungen verblassen, dann ist das meistens schade. Aber es lässt sich nur bedingt vermeiden. Transienz ist der Fachbegriff für „die Flüchtigkeit des Augenblicks", Gedächtnislücken – die häufigste Fehlleistung unseres Erinnerungsvermögens. Mit jedem neuem Erlebnis werden alte Erinnerungen von aktuellen überlagert. Man spricht ja auch vom „Schleier des Vergessens" – und das ist ein ganz gutes Bild. Denn manche Erinnerungen sind nur noch „verschleiert" und schemenhaft zu erkennen und verblassen zunehmend. Manchmal verschwinden sie sogar ganz.

ÜBUNG / TEST

Kleiner Test zur Transienz: Wie gut erinnern Sie sich?

Probieren Sie es selbst aus: Was haben Sie vor einer Stunde gemacht? Was gestern zur gleichen Zeit? Und was heute vor einer Woche oder heute vor einem Jahr? Wenn Sie versuchen, sich ehrlich zu erinnern, werden Sie feststellen, dass die Erinnerung an ein Ereignis immer ungenauer wird und weniger lebendig ist, je länger es zurückliegt.

Transienz ist bis zu einem gewissen Grad normal und als Schutzfunktion des Gehirns vor Überlastung zu werten. Dieses Verfahren hilft, dass schlimme Erlebnisse nach und nach verblassen. Schließlich heißt es ja auch: „Die Zeit heilt alle Wunden"...

Es gibt wirkungsvolle Techniken (zum Beispiel die Mnemo-Techniken), um gewisse Erlebnisse vor der Transienz zu schützen.

Das Schlüsselerlebnis: geistesabwesend unterwegs

Wo sind bloß meine Schlüssel? Wo liegt meine Brille? Ich kenne niemanden, der sich nicht ab und an diese Fragen stellt – manche suchen ihre Schlüssel oder Brille regelmäßig. Zum Teil sind wir im Alltag völlig „kopflos" unterwegs. Wem ist es noch nicht passiert, dass er auf dem Weg zu einem wichtigen Termin war und zwischenzeitlich das Gefühl hatte, er hätte das Bügeleisen nicht ausgesteckt oder die Herdplatte angelassen? Trotz intensiver Grübelei will einem partout der Moment nicht einfallen, in dem man das Bügeleisen ausgesteckt oder die Herdplatte ausgeschaltet hat.

Warum fällt es uns so schwer, uns an „banale Tätigkeiten" zu erinnern? Sie ahnen es vielleicht schon: Es ist wie mit dem Fahrradfahren. Gewisse Tätigkeiten machen wir aus Gewohnheit und so selbstverständlich und automatisiert, dass wir nicht groß darüber nachdenken müssen. Sie werden im prozeduralen Gedächtnis (siehe Seite 43) abgespeichert und lassen sich deshalb en detail nur schwer nachvollziehen.

Solche Tätigkeiten erfordern nicht unsere ganze Aufmerksamkeit, wir können das eine tun und nebenbei noch etwas anderes denken. Der Fachbegriff dafür ist „geteilte Aufmerksamkeit". Dabei ordnen wir unterschiedlichen Tätigkeiten verschiedene Prioritäten zu:

Was dringlich ist, daran erinnern wir uns, und was uns unwichtig erscheint, das vergessen wir.

Aufmerksamkeitslücken sind vollkommen normal und haben fast immer etwas mit Routine zu tun. Unser Gehirn schaltet quasi auf Autopilot, wenn eine routinemäßige Tätigkeit parallel zu einer geistigen Herausforderung verlangt wird.

Retrospektive vs. prospektive Erinnerung

Wir werten das Vergessen unterschiedlich, je nachdem, ob es sich um etwas Vergangenes oder etwas Zukünftiges handelt. Versagt das retrospektive Erinnern, so stufen wir unser Gedächtnis als unzuverlässig ein. Versagt jedoch bei jemandem die prospektive Erinnerung, weil ein bevorstehendes Ereignis vergessen wird (zum Beispiel ein Termin), machen wir die Person dafür verantwortlich. Die gilt dann schnell als unzuverlässig. Dabei handelt es sich in beiden Fällen um eine simple Geistesabwesenheit.

Das Gegenteil von geistiger Abwesenheit ist die geistige Präsenz. Sie tritt beispielsweise auf, wenn man sich extrem auf eine einzige Sache konzentriert. Die geistige Fokussierung führt dazu, dass man für alles, was drum herum gerade passiert, quasi „blind" ist. Geistige Präsenz kann dafür sorgen, dass wir immer wissen, wo wir den Schlüssel abgelegt haben. Und auch, dass nicht so viele einsame Schirme verlassen in anonymen Schirmständern zurückbleiben und nie abgeholt werden …

Erinnerungsblockaden: „Es liegt mir auf der Zunge ...“

Sich im passenden Moment an etwas zu erinnern, ist wirklich eine feine Sache – leider ist öfter mal das Gegenteil der Fall. Es liegt einem auf der Zunge, aber es will einem partout nicht über die Lippen.

Dieses Phänomen, auch Zungenspitzenphänomen genannt, kennt jeder: Man weiß genau, was man eigentlich sagen will oder worum es sich handelt, aber das passende Wort ist wie gelöscht, einfach weg. Zwar hat man in diesen Momenten das Gefühl, es müsse einem gleich einfallen – aber das tut es nur ganz selten. Ist der Augenblick vorbei, fällt einem prompt das gesuchte Wort ein. Die oben zitierte Redewendung gibt es übrigens in ganz vielen verschiedenen Sprachen. Im Englischen heißt es beispielsweise „on the tip oft he tongue“ – und daraus leitet sich der wissenschaftliche Name TOT-Phänomen ab.

Man vermutet, dass jeder Mensch mindestens einmal pro Woche solch einen Aussetzer hat. Organische oder gesundheitliche Ursachen gibt es dafür nicht.

....

ÜBUNG / TEST

....

TOTs oder Zungenspitzenphänomene lassen sich leicht experimentell hervorrufen und eignen sich daher gut für wissenschaftliche Studien. Psycholinguisten provozieren sie bewusst in ihren Forschungen, um dem Aufbau des mentalen Lexikons auf die Spur zu kommen.

Testen Sie es selbst: Wovon ist hier die Rede?*

Wie lautet der Begriff, wenn zwei Wörter die gleiche Bedeutung haben?

....

Wenn jemand sich in einer Sache wirklich gut auskennt und besondere Fähigkeiten aufweist, dann gilt er als

....

Wie heißt ein schwer entflammbares Material, das zum Schutz gegen Feuer eingesetzt wird?

....

Ein Navigationsinstrument, das auf Schiffen verwendet wird (nicht der Kompass, sondern ein Gerät, das vor Jahrhunderten verwendet wurde und das man in der Hand hielt), nennt man?

....

Eine Zuckerform, die im Obst vorkommt, nennt man?

....

*Die Lösungen für diese TOT-Fragen erhalten Sie per E-Mail!

....

Besonders lästig und peinlich sind die Zungenspitzenaussetzer natürlich dann, wenn es sich beim gesuchten Wort um einen Namen handelt. Steht einem die Person gar gerade gegenüber, muss man sich schon etwas einfallen lassen, um zu überspielen, dass einem der Name gerade nicht einfällt. Wie unangenehm!

Die gute Nachricht ist: Sie können diese peinliche Situation weitgehend abschaffen, indem Sie gezielt Ihr Namensgedächtnis trainieren. Wie, das erfahren Sie in Kapitel 7.

Fehlattribution – Wirrwarr der Erinnerungen
Gar nicht lustig ist es, wenn die Erinnerungen durcheinandergeraten und man dadurch sich selbst und andere in die Bredouille bringt. Im Fachjargon spricht man in solchen Fällen von Fehlattributionen oder von „falschen Zuschreibungen". Was das bedeutet? Nun, dass man Menschen und Dingen etwas zuordnet, das aber de facto nicht so ist oder war. Geschehenes wird zwar erinnert, doch dabei vermischt das Gedächtnis verschiedene Erlebnisse miteinander und konstruiert so eine neue, „falsche" Erinnerung.

Der Fehler liegt in der Gedächtnisbildung – also dem Verknüpfen unterschiedlicher Details eines Erlebnisses zu einer kompletten Erinnerung. Bedenkt man, wie viele Einzelinformationen das Gehirn ständig verarbeitet, so kann es schon einmal sein, dass es etwas falsch zuordnet. Das Problem daran: Die Konsequenzen aus einem solchen Erinnerungswirrwarr können bestenfalls nur peinlich oder manchmal auch fatal sein (etwa bei einer Zeugenaussage vor Gericht).

Was ist eigentlich ein Déjà-vu?

Dieser Begriff steht für das Phänomen „Pseudoerinnerung". Die meisten Menschen haben mindestens einmal in ihrem Leben ein Déjà-vu-Erlebnis. Gemeint ist damit der Augenblick, wenn man etwas völlig Neues erlebt, davon aber mit großer Sicherheit sagt: „Das kenne ich doch, das habe ich genau so schon einmal erlebt oder gesehen." Wissenschaftlich ist dieses Phänomen bisher noch nicht geklärt, besorgniserregend oder bedenklich ist es nicht. Man kann ja ein Déjà-vu und eine Amnesie zur gleichen Zeit haben. Dieses komische Gefühl: Mensch, das eben, das hast du genau so schon mal vergessen. Nehmen Sie es locker.

Erinnerungen sind beeinflussbar: die Suggestibilität

Suggestibilität funktioniert nach dem Prinzip: „Wenn Sie sich etwas vorstellen können, dann ist es schon die halbe Wahrheit". Menschen mit lebhafter Fantasie und Kinder sind dafür besonders anfällig. Aber auch allen anderen kann es so gehen: Je öfter man eine Geschichte hört, desto wahrscheinlicher ist es, dass man sie irgendwann in den eigenen Erinnerungsschatz übernimmt. Ja mehr noch, man beginnt sogar, sie mit eigenen Attributen auszustatten, sodass sie immer mehr selbst erlebt und realistischer erscheint.

Es ist schon ein bisschen beängstigend, wenn man feststellt, dass andere Menschen in der Lage sind, in uns Erinnerungen hervorzurufen, die es so eigentlich gar nicht gegeben hat. Suggestibilität bezeichnet die Beeinflussbarkeit von Erinnerungen.

....

ÜBUNG / TEST / EXPERIMENT
Ein kleines Experiment

....

Schauen Sie sich folgende Wörter genau an und versuchen Sie sich diese beim einmaligen Durchlesen zu merken.

• Faden, Nadelöhr, nähen, stechen, Fingerhut, Dorn, wehtun, Kleidung, stricken, Spritze

• Bett, Ruhe, müde, Traum, wachen, Nickerchen, dösen, schnarchen, gähnen, schlummern

Gut. Jetzt bekommen Sie von mir gleich ein paar weitere Wörter. Bitte entscheiden Sie, ob Sie diese Wörter bereits zuvor gelesen haben oder nicht. Bleiben Sie ganz entspannt, locker und relaxed. Sind Sie bereit?

Okay. Welche der folgenden fünf Wörter waren oben NICHT enthalten?

Nadel, Schlaf, Bonbon, wach, Tür.

Ich wette, dass Sie die Wörter erkannt haben, die nicht mit dabei waren, oder? Es waren Bonbon und Tür. Die anderen Wörter wie Nadel, Schlaf und wach waren sicher mit dabei, nicht wahr?! Ich verrate Ihnen was: Keines der Wörter war mit dabei! Wie kann das passieren? Die beiden Wortlisten bildeten jeweils ein semantisches Feld von inhaltsähnlichen Begriffen, die dazu verleiten, Wörter „wiederzuerkennen", die in eines der beiden Felder hineinpassen.

Das Gedächtnis lässt sich von Ähnlichem leicht beeinflussen – je absurder jedoch eine Geschichte ist, desto besser ist sie vor Verwechslungen geschützt. Diese Tatsache macht sich das Gedächtnistraining zunutze.

Der Zeigarnik-Effekt

„Was du heute kannst besorgen, das verschiebe nicht auf morgen", rät der Volksmund. Und doch tun wir genau das immer wieder – unangenehme Aufgaben auf den nächsten Tag verschieben. Oft passiert es dann, dass uns der Gedanke an die Aufgabe quält. Diese Verschiebe-Taktik wird auch als Zeigarnik-Effekt bezeichnet. Die russische Psychologin Bljuma Wulfowna Seigarnik fand heraus, dass Unerledigtes eine Art Dauerspannung im Erinnerungsvermögen erzeugt, die für ein ständig schlechtes Gewissen sorgt. Diese drängt uns die „Baustellen" abzuarbeiten, damit das Gedächtnis wieder   >>

freie Kapazitäten hat. Ob es nun die längst fällige Steuererklärung ist oder der Gartenzaun, der einen neuen Anstrich braucht – solche unerledigten Dinge begleiten uns oft über Wochen und Monate. Je länger wir sie vor uns herschieben, desto mehr Energie binden sie.

Was dagegen hilft? Meine Empfehlung: Beseitigen Sie die Energiefresser, indem Sie To-do-Listen nach Prioritäten anlegen und die Punkte darauf systematisch abarbeiten.

Schönreden oder schlechtmachen – Erinnerungen manipulieren

Verzerrungen in unserer Erinnerung entstehen hauptsächlich dadurch, dass wir die Vergangenheit mit der Gegenwart abgleichen und „korrigieren". Gehören Sie zu jenen, die sich alles schönreden, oder eher zu denen, die rückwirkend alles schlechtmachen? Sie sollten wissen: Beides ist Selbstmanipulation und hat mit der Wahrheit, also den reinen Fakten, nicht viel gemeinsam.

Die fünf Wege der Selbstmanipulation

1. Konsistenzfehler: Die Vergangenheit so lange zurechtbiegen, bis sie zur Gegenwart passt. Dadurch lassen sich beispielsweise Schmerzen leichter ertragen, weil man sich einredet, Ähnliches schon einmal durchgemacht (und überstanden) zu haben.

2. Veränderungsfehler: Die Vergangenheit wird so konstruiert, dass sie sich extrem von der Gegenwart unterscheidet. Jeder, der in einer langjährigen Partnerschaft lebt, kennt dieses Phänomen. Ja, früher war alles besser … Mein Mann war aufmerksamer … Meine Frau liebevoller …

3. Rückschaufehler: Sie entstehen, wenn man Vergangenes durch die Brille der Gegenwart betrachtet. Auch das ist ein ganz häufiges Partnerschaftsphänomen, nein, vielmehr ein -problem – besonders bei Scheidungen kommt es oft vor.

4. Egozentrische Gedächtnisfehler: Sehr populär! Die eigene Erinnerung wird über alle anderen Interpretationen gestellt. Irgendwie ist das auch ziemlich menschlich, denn wenn zwei Menschen, die das gleiche Erlebnis teilten, sich daran erinnern und darüber austauschen, hat es jeder logischerweise anders in Erinnerung. Und die eigene Wahrheit ist jedem einfach näher als die Wirklichkeit des anderen.

5. Stereotype Gedächtnisfehler: Die Welt wird mittels Schubladendenken gedeutet. Gewisse Begriffe rufen bestimmte Vorbehalte auf den Plan, erzeugen Bilder. Gemeint sind damit zum Beispiel (gesellschaftliche oder kirchliche) Ansichten zu bestimmten Personen, Gruppen oder Themen, die auf einzelne Situationen und Menschen projiziert werden. Siehe Ausländerhass und Homophobie!

Persistenz: etwas, das bleibt

Ob Erinnerungen Fluch oder Segen sind, darauf haben wir leider nicht allzu viel Einfluss. Insbesondere traumatische Erlebnisse (Unfälle, Krieg, Missbrauch, Tod/Mord oder Gewalt) prägen sich tief ins Unterbewusstsein und lassen uns nicht mehr los. Sie werden persistent, sodass sie in der Erinnerung „verharren" und der Betroffene sich nicht davon befreien kann. Es sind die Erlebnisse, die uns in unsere Träume verfolgen, die Angst machen und Depressionen verursachen können. Dass diese Erinnerungen so nah unter der Oberfläche schwelen, bedeutet, dass sie noch nicht verarbeitet sind und bewältigt werden müssen. In der harmlosen Variante, die jeder Mensch kennt, nennt man Persistenz auch Grübelei oder depressive Verstimmung.

Vergessen Sie es doch einfach!

Ein gut funktionierendes Gedächtnis macht uns erst zu der Persönlichkeit, die wir sind. Es macht uns einzigartig und individuell. Aber: Auch Vergessen ist menschlich – und sogar besser als sein Ruf! Denn Fakt ist: Ein gesundes Gedächtnis ist eines, das auch einmal „vergessen" darf und es sogar muss, um „Platz zu schaffen" für neue Eindrücke, Erlebnisse und Kontakte. Das Vergessen ist eine sinnvolle Funktion, die unser Gedächtnis davor bewahrt, mit überflüssigem Ballast belastet zu werden. In Routinesituationen gibt es uns die Möglichkeit, auf „Autopilot" zu schalten, damit wir uns auf etwas Wichtigeres konzentrieren können. Die Fähigkeit, sich an Wesentliches zu erinnern, ist eine menschliche Stärke: Wir können aus Erfahrung lernen, ohne uns an jedes Detail zu erinnern. Wir haben sogar die Möglichkeit, selbst zu bestimmen, woran wir uns erinnern.

Ist das nicht grandios? Und wissen Sie was? Diese Wahl-möglichkeit ist übrigens auch die entscheidende Grundlage für jedes Gedächtnistraining. Also packen wir's an!

Das kreative Spiel mit den grauen Zellen

Vergesslichkeit ist bis zu einem gewissen Grad also völ-lig normal. Und wie ich Ihnen bereits an anderer Stelle in diesem Buch andeutete, gibt es Techniken und Übungen kontra Vergessen und pro Erinnern, die ich nun mit Ihnen teilen werde.

Doch vorher möchte ich Ihnen eine Frage stellen: Haben Sie schon einmal mit Kindern Memory gespielt? Na, wie waren Ihre Erfolgsaussichten? Schlecht, oder?! Kinder sind beim Memory einfach immer besser als Erwachsene. Denn sie nehmen das Memory-Kartenspiel als Bild wahr: Die-se Lokomotive und diese Lokomotive passen zusammen, super.

Und was machen wir Erwachsenen? Wir versuchen es rati-onal abzuspeichern. Dritte Reihe von oben, sechste Karte von links, zweite Reihe von unten, fünfte Karte von rechts. Wir basteln uns also eine Struktur zurecht und versuchen uns diese einzuprägen – leider liegen wir damit oft total daneben. Auch in anderen Lebens- und Lernbereichen ist das so. Kindern fällt das Lernen so leicht, weil sie ihre Welt mit allen Sinnen entdecken und Informationen automatisch mit Bildern und Emotionen verknüpfen.

Im Laufe unseres Lebens verlieren wir diese angeborene bildliche Vorstellungskraft und beginnen, rational zu denken. Genau das ist auch der Grund, weshalb wir beispielsweise Sprachen meist so viel langsamer erlernen als Kinder. Denn als Erwachsene versuchen wir, alles Wissen rational im Kopf zu verankern. Eine mühsame Methode!

Die Mnemo-Techniken

Mit den Mnemo-Techniken können Sie sich Dinge wesentlich leichter merken und so effektiver lernen. Hinter dem fremdartigen Begriff steckt eine Fülle an Lernsystemen und Merkmethoden, die Ihnen das Erinnern um ein Vielfaches erleichtern. Das Wort „Mnemo" ist aus dem griechischen Wort mnimonika (Gedächtnis) abgeleitet. Die ersten Techniken wurden bereits in der Antike entwickelt und angewendet, um Reden auswendig zu lernen und frei halten zu können. Denn das geschriebene Wort war einer Elite vorbehalten und die freie Rede galt als Königsdisziplin.

So funktionieren die Mnemo-Techniken

Die Mnemo-Techniken nutzen die bildhafte Vorstellungkraft Ihres Gehirns. Mit der Anwendung dieser Techniken legen Sie die geschaffenen Bilder an einem bestimmten Ort im Kopf ab, wo Sie sie nachher auch wiederfinden. Die Einhorn-Liste (siehe Kapitel 3., Seite 63) ist solch eine Technik!　　　　>>

Wie Sie bereits aus den vorangegangenen Kapiteln wissen, sind die Begriffe der Einhorn-Liste sogenannte Ankerplätze oder Briefkästen – sprich Orte –, die Sie mit Informationen verknüpfen können. Dann gibt es außerdem auch noch die Loci-Methode, bei der Sie reale Orte als mentale Briefkästen nutzen.

Alles, woran wir uns gut erinnern, haben wir meist über Bilder abgespeichert und mit Emotionen aufgenommen.

Ein Beispiel: Wenn Sie alle Sinnesreize beim Lernen einbinden – visuelle, auditive, haptische, olfaktorische, gustatorische Reize, sprich Sehen, Hören, Tasten, Riechen, Schmecken – und diese bildlich verknüpfen, dabei sogar noch extrem übertreiben, also beispielsweise weitere Charakterisierungen wie grotesk, scherzhaft, erotisch und so weiter kombinieren, dann ist das für Ihr Gehirn ein merkwürdiger Gedanke. Ja, merkwürdig. Dem Wortsinn entsprechend also würdig, ihn sich zu merken.

Vernunft aus – Fantasie an: mentale Briefkästen
Lassen Sie uns von der Theorie gleich zur Praxis übergehen – und die Mnemo-Technik „mentaler Briefkasten" üben.

Sie bekommen jetzt eine Liste von zehn Begriffen von mir. Lesen Sie sich diese Liste durch und versuchen Sie, sich an die einzelnen Begriffe zu erinnern. Stellen Sie sich vor, Sie müssten einen Vortrag halten, in dem diese zehn Schlüsselwörter vorkommen, oder dass es sich um die zehn Eckpunkte einer Kundenpräsentation handelt.

Also gut, nun prägen Sie sich folgende Begriffe ein:

1. Buch

2. Grillhähnchen

3. Werkzeugkasten

4. Wagenheber

5. Zugspitze

6. Wasserstoffperoxid

7. Kindergarten

8. Feuerlöscher

9. Energiesparlampe

10. Mikrofon

Gar nicht so einfach? Jetzt bekommen Sie Unterstützung! Lassen Sie mich Ihnen zeigen, wie Sie die Einhorn-Liste aus Kapitel 3 (siehe Seite 63) als mentalen Briefkasten für die obigen zehn Begriffe verwenden können. Das funktioniert so: Jedes einzelne Wort verknüpfen Sie auf übertriebene, groteske, humorvolle, erotische und/oder skurrile Art und Weise mit der Einhorn-Liste. Und zwar so …

1. Wort = Buch: Um es zu verankern, verknüpfe ich die Bilder eines Buches und eines Einhorns miteinander – ich sehe ein Einhorn, es steht hier gleich neben mir. Und es spießt mit seinem Horn ein Buch auf.

2. Wort = Grillhähnchen: Weil es so gut geschmeckt hat, gibt es eine Medaille für das Grillhähnchen.

3. Wort = Werkzeugkasten: Das Dreirad meines Sohnes Alexander ist kaputt gegangen. Es fehlt das Vorderrad. Ich brauche also dringend den Werkzeugkasten, damit ich es wieder reparieren kann.

4. Wort = Wagenheber: Sie fahren mit dem Wagenheber unter den Tisch, denn es ist ein tonnenschwerer Tisch aus Granit. Nur mit dem Wagenheber schaffen Sie es, diesen Tisch hochzuheben.

5. Wort = Zugspitze: Sie besteigen den höchsten Berg Deutschlands. In Ihrer Fantasie umgreifen Sie das Gipfel-kreuz mit beiden Händen.

6. Wort = Wasserstoffperoxid: In dem Sixpack war kein Bier, nein, da war Wasserstoffperoxid. Als Sie, nichts ah-nend, alle Flaschen in einem Zug geleert hatten, wurden Ihre Haare blond.

7. Wort = Kindergarten: Dieser Begriff lässt sich ganz leicht mit den sieben Zwergen verbinden. Das ist fast zu einfach, oder? Der Kindergarten ist voller drei- und vierjähriger Zwerge.

8. Wort = Feuerlöscher: Was könnte auf der Achterbahn passieren, sodass wir einen Feuerlöscher brauchen? Richtig, sie brennt lichterloh! Ein feuriges Gefährt! Mit dem Feuerlöscher konnten gerade noch die Flammen gelöscht werden, als die Achterbahn wieder unten war. Also: Nummer acht ist der Feuerlöscher.

9. Wort = Energiesparlampe: Briefkasten Nummer neun in der Einhorn-Liste ist das Schwein. In die Löcher der Schweinnase drehe ich Energiesparlampen hinein. Wenn ich an dem Ringelschwänzchen drehe, fangen die Lampen an zu leuchten. Das sind wahre Energiesparlampen!

10. Wort = Mikrofon: Lässt sich gut mit dem zehnten Briefkasten verknüpfen, nämlich der Bibel. Sie sehen also beispielsweise Jesus, der aus der Bibel ein Mikrofon herausnimmt, damit man ihn besser bei seiner Bergpredigt verstehen kann. Vielleicht sehen Sie aber auch das Musical „Jesus Christ Superstar", in dem der Hauptdarsteller eine Rockballade herzzerreißend mit einem Mikrofon in der Hand zum Besten gibt.

Prima, bitte lesen Sie sich die ersten zehn Wörter und Ihre zehn Geschichten dazu aufmerksam durch.

Eine kurze Wiederholung, die Sie beim Erinnern unterstützt:

Was spießt das Einhorn auf? Das Buch.

Wer bekommt eine Medaille? Das Grillhähnchen.

Damit ich das Dreirad reparieren kann, brauche ich? Einen Werkzeugkasten.

Den Tisch hebe ich hoch mit einem ... Wagenheber.

Mit meinen Händen umgreife ich das Gipfelkreuz der ... Zugspitze.

In den Flaschen des Sixpacks war ... Wasserstoffperoxid.

Die Zwerge gehen in den ... Kindergarten.

Die Achterbahn lösche ich mit dem ... Feuerlöscher.

In die Nase von dem Schwein drehe ich eine ... Energiesparlampe.

Aus der Bibel nimmt sich Jesus ein ... Mikrofon.

HERZLICHEN GLÜCKWUNSCH! Sie haben es gemeistert. Ich bin stolz auf Sie!

Für alle Skeptiker: Es gibt natürlich immer Menschen, die den Kopf schütteln und beschließen: „Das ist nichts für mich!"

Das ist eine Reaktion, die ich schon häufiger erlebt habe. Wenn man diese Menschen dann fragt, warum, kommen meist folgende Einwürfe: „Das ist mir zu abstrakt, zu lächerlich, zu wirr!" Zugegeben, manche Verbildlichungen sind skurril und manche aberwitzig. Das kann einen dazu verleiten, zu vermuten: „Das merke ich mir doch nie!"

Aber genau darin liegt der Denkfehler! Denn je aberwitziger, je skurriler, desto besser. Ich möchte fast wetten, dass Sie das Bild mit der Energiesparlampe in der Schweinenase nicht vergessen werden. Das ist so merkwürdig, dass es auf jeden Fall hängen bleibt.

Manche begegnen mir auch mit dem Einwand: „So etwas könnte ich mir aber nie ausdenken!"

An diesem Punkt kann ich Sie beruhigen: Fantasie entwickeln kann jeder, auch das ist nur eine Frage der Übung. Wenn Sie sich auf das Gehirntraining einlassen, dann wird die Fantasie von ganz allein geweckt.

Die praktische Umsetzung: Auto fahren ohne Navi

Wenn Sie das nächste Mal eine Autotour planen, lassen Sie das Navigationsgerät zu Hause und benutzen Sie auch nicht den Routenplaner in Ihrem Smartphone. Stattdessen machen Sie Folgendes: Sie bereiten Ihre Route am PC vor und speichern markante Punkte mit der oben erlernten Einhorn-Liste ab!

Nehmen wir einmal an, die Route, die Sie fahren wollen, hat zehn markante Punkte. Diese können Sie sich heraussuchen, wenn Sie beispielsweise mit Street View oder Google Earth Ihre Tour vorab visualisieren.

Auf Ihrem Weg finden Sie folgende „Wegweiser":

1. Kreisel

2. Sportarena

3. Kindergarten

4. Alte Eiche

5. Shoppingcenter

6. Tankstelle

7. Kleines Wäldchen

8. Spielplatz

9. Bauernhof

10. Kirche

Nun kombinieren Sie die zehn Wegweiser mit den ersten zehn Begriffen der Einhorn-Liste:

1. Kreisel und Einhorn: Ich sehe ein Einhorn, das schnurstracks über einen Kreisel rennt. (Zuerst kommen Sie also an einen Kreisel, an dem Sie geradeaus fahren müssen.).

2. Sportarena und Medaille: Vor der Sportarena ist 30er-Zone und ich fahre 50 Stundenkilometer. Die Polizei winkt mich nach der Sportarena rechts raus und hängt mir eine Medaille um den Hals. (Hinter der Sportarena müssen Sie rechts abbiegen.).

3. Kindergarten und Dreirad: Auf der linken Seite kommt gleich der Kindergarten, dahinter muss ich links abbiegen. Aber Vorsicht, ein Kind auf dem Dreirad ist noch auf dem Zebrastreifen unterwegs. (Hinter dem Kindergarten links abbiegen.).

4. Alte Eiche und Tisch: Auf dem Dorfplatz steht eine alte, dicke Eiche, um die sich ein großer Eichentisch schlängelt … eine gelungene Kombination. (Nächster markanter Punkt ist die alte Eiche auf dem Dorfplatz.).

5. Shoppingcenter und Hand: Mit beiden Händen trage ich zig Einkaufstüten, die meine Frau im Shoppingcenter gefüllt hat. (Am Shoppingcenter geradeaus.).

6. Tankstelle und Sixpack: Völlig frustriert fahre ich zur Tankstelle und kaufe ein Sixpack. Die Flaschen leere ich in den Tank. (Die Tankstelle links liegen lassen.).

7. Kleines Wäldchen und Zwerge: Wenn ich die sechs Flaschen Bier getrunken hätte, wüsste ich, warum ich in dem Wäldchen plötzlich sieben Zwerge sehe … und hätte die Abzweigung nach rechts glatt verpasst. (Im kleinen Wäldchen rechts abbiegen.).

8. Spielplatz und Achterbahn: Nach einer kurvenreichen Strecke fahre ich an einem Spielplatz vorbei, auf dem eine Achterbahn fehlt. Danach sind es noch acht Querstraßen bis zur nächsten Abbiegung. [Nach dem Spielplatz die achte Querstraße links.].

9. Bauernhof und Schwein: Wenn ich an einem großen Bauernhof vorbeifahre und sehe, wie der Bauer auf einem Schwein reitet, dann bin ich richtig. [Am Bauernhof geradeaus.].

10. Kirche und Bibel: Ich habe mein Ziel erreicht, wenn ich Whoopi Goldberg vor der Kirche mit einer Bibel in der Hand Halleluja singen höre.

Ich gebe zu, dass es ein wenig aufwendiger ist, sich die markanten Punkte einer Reiseroute so zu merken, anstatt die Routenführung einfach dem Navi zu überlassen. Dafür tun Sie auf diese Art und Weise eine ganze Menge für Ihre grauen Zellen – und trainieren Ihr Gehirn!

Nun haben Sie also gelernt, dass Vergessen vollkommen normal ist – und nicht per se am digitalen Zeitalter liegt. Ich habe Ihnen außerdem gezeigt, wie Sie Ihre Erinnerung schulen können. Mithilfe der Mnemo-Techniken, den mentalen Briefkästen und der Einhorn-Liste können Sie sich Begriffe, Listen und Reiserouten merken – und Ihrem Gedächtnis auf die Sprünge helfen. Ob und wie diese Techniken auch in Zeiten von Internet, Smartphone, Social Media & Co. funktionieren? Mehr dazu erfahren Sie im nächsten Kapitel!

KAPITEL 6

Social Media – das virtuelle Paralleluniversum

Kann ein einzelner Mensch über 3.000 Leute kennen? Die virtuellen Welten von Facebook & Co. machen es möglich! Doch was ist eigentlich immer noch so faszinierend an Social Media? In diesem Kapitel erfahren Sie, wie Sie mit Facebook & Co. fürs Leben lernen können.

Was ist Social Media?

„Social Media" ist ein Sammelbegriff für sämtliche soziale Online-Netzwerke, die es inzwischen gibt. Ob sie nun Facebook, XING oder LinkedIn heißen, sie alle verbinden Menschen auf der ganzen Welt. Ich möchte fast behaupten, hinter dem Begriff „Social Media" steht ein ganzes Paralleluniversum jenseits unserer realen Gesellschaft – eine neue virtuelle Welt, in der alle miteinander kommunizieren, netzwerken, Trends setzen, Neues kreieren, Gedanken sowie Ideen oder auch Informationen teilen und austauschen können. Über den Sinn, der Netzgemeinde sein Mittagessen zu posten, lässt sich sicher streiten. So oder so. Soziale Netzwerke sind virtuelle Gemeinschaften, die eine grenzenlose Interaktion zwischen Menschen aller Altersgruppen und Nationalitäten, aus allen sozialen Schichten sowie sämtlichen Teilen der Erde ermöglichen. Aber welche Faszination steckt wirklich hinter dieser rasanten Entwicklung, durch die auch Alltag und Privatleben zunehmend öffentlich werden? Welche sozialen Netzwerke gibt es und was können sie, für welche Zielgruppe sind sie gemacht?

Die wichtigsten sozialen Netzwerke auf einen Blick
Facebook: Der Marktführer unter den sozialen Netzwerken – mit weltweit mehr als einer Milliarde Mitgliedern. Hier verfügt jeder Nutzer über eine eigene Profilseite und kann Infos, Texte, Fotos und Videos „posten" sowie zusätzlich per Chat persönliche Nachrichten an „Freunde" schicken. Außerdem kann man „Gruppen" gründen und Veranstaltungen erstellen, „Posts" von Freunden kommentieren oder auf „Gefällt mir" klicken.

WhatsApp: Ist ein internetbasierter Instant-Messaging-Dienst für den Austausch von Textnachrichten, Bild-, Video- und Tondateien zwischen Benutzern von Mobilgeräten wie Smartphones. Das eigentliche Anwendungsprogramm WhatsApp Messenger kann man auf jedes Smartphone downloaden. Der lange Zeit kostenlose, mittlerweile jedoch teilweise kostenpflichtige Dienst gilt mittlerweile als Alternative zur SMS. Anfang des Jahres 2014 kaufte Facebook den bisherigen Rivalen WhatsApp für 19 Milliarden Dollar – auch, um junge Menschen weiter an sich zu binden.

XING: Das soziale Job-Netzwerk hauptsächlich für berufliche Zwecke. Jeder Nutzer kann ein eigenes Profil erstellen, Stellenangebote veröffentlichen, Personal suchen oder zu Veranstaltungen einladen. Somit werden neue berufliche, aber immer öfter auch private Kontakte geknüpft. XING hat über 14 Millionen Mitglieder weltweit.

LinkedIn: Dienst zur Pflege bereits vorhandener geschäftlicher Verbindungen und zum Knüpfen von neuen Kontakten. Außerdem kann man die eigene Website verlinken, andere Mitglieder weiterempfehlen und sein Karriereprofil verwalten. LinkedIn gilt als die größte Plattform dieser Art, die Privates und Berufliches verknüpft.

Google +: Das soziale Netzwerk von Google Inc. ist mittlerweile das zweitgrößte. Von anderen unterscheidet es sich dadurch, dass viele Produkte von Google damit erweitert werden können. Das Netzwerk gilt als direkter direkter Konkurrent zu Facebook.

YouTube: Ist ein Internet-Videoportal der Google Inc., auf dem die Nutzer kostenlos Film- und Fernsehausschnitte sowie Musikvideos und selbst gedrehte Filme hochladen, Anleitungen für Produkte und Video-Blogs ansehen und bewerten können.

Twitter: Ist der bekannteste Mikroblogging-Dienst, mit dem man Kurznachrichten (Tweets) verschicken kann, die nicht länger als 140 Zeichen lang und mit einem # Hashtag (Schlagwort) versehen sind. Über 2 Milliarden Menschen haben weltweit einen eigenen Account auf Twitter!

Das Phänomen Facebook

„Wenn Facebook ein Land wäre, dann gehörte es zu den fünf bevölkerungsreichsten der Welt, vor Japan, Russland, Brasilien und Nigeria", deklarierte Facebook-Gründer Mark Zuckerberg im Jahr 2010 – anlässlich des 400-millionsten „Facebookers".

Bis heute ist Facebook die größte international agierende Onlineplattform und absoluter Spitzenreiter unter den virtuellen Netzwerken. Ich oute mich: Ich selbst habe über 3.000 „Freunde" auf Facebook und finde, dass dieses soziale Netzwerk enorm viel bietet! Es steht stellvertretend für jegliche soziale Netzwerke, die es inzwischen gibt, und deswegen im Fokus dieses Kapitels.

Ich persönlich nutze Facebook als eine Art private Tageszeitung – mit Inhalten von Menschen, die in irgendeiner Weise mit mir verknüpft sind.

Für mich persönlich ist Facebook auch eine sehr nützliche und effektive Plattform, da ich mich als Person des öffentlichen Lebens und mit meinem Angebot einer breiten Öffentlichkeit präsentieren kann. Die Teilnehmer meiner Seminare und Besucher meiner Vorträge können, wenn sie wollen, mittels Facebook auf dem Laufenden bleiben. Die Marke „Markus Hofmann" wird dadurch gestärkt und ich

[1] Juan Faerman: Faceboom – Wie das soziale Netzwerk Facebook unser Leben verändert. Südwest Verlag, München: 2010, S. 22

kann mit meinen Fans in Kontakt bleiben. Dank der Statistiken, Kommentare und „Gefällt mir"-Angaben sehe ich auch, was in meiner Zielgruppe gut oder weniger gut ankommt. Die Menschen, mit denen ich arbeite und vor denen ich mein Programm präsentiere, werden dadurch greifbarer.

Ich erfahre, was sie interessiert, welche Vorlieben sie haben und was sie brauchen. Selbst kurze Umfragen zu verschiedenen Themen habe ich über Facebook schon gestartet. Zum Beispiel habe ich über Facebook meine Kontakte gefragt, ob ihnen für die Zahl 3 eher der Dreizack, ein Dreirad oder die drei Musketiere in den Sinn kommen. Dieses Feedback brauchte ich, um meine Einhorn-Liste bei den Gedächtnistechniken präzisieren zu können. Das Feedback daraus war wirklich sehr wertvoll.

Facebook bietet mir zudem die Möglichkeit, über Aktivitäten von Trainerkollegen und Freunden auf dem Laufenden zu bleiben. Ich habe stets einen Überblick über Aktuelles und News aus der Branche. So bleibe ich am Puls der Zeit und entdecke Trends und Weiterentwicklungen.

Facebook ist vor allem auch eine Meinungsplattform, auf der die unterschiedlichsten Themen kontrovers diskutiert werden. Natürlich kann man Facebook ebenso zur reinen Unterhaltung nutzen: Täglich werden jede Menge witzige, skurrile, zum Nachdenken anregende und informative Fotos, Videos und Nachrichten geteilt.

Der durchschnittliche „Facebooker" hat übrigens um die 130 „Freunde". Die meisten dieser Facebook-Freunde kennt er nicht persönlich und es ist sogar ziemlich unwahrscheinlich, dass er ihnen jemals im realen Leben begegnen wird.

Das ist schon krass, oder? Angesichts dieser Tatsachen stelle ich mir dieselben Fragen wie der Autor Juan Faerman[2] in seinem Buch „Faceboom" [Südwest Verlag, 2010]:

- Warum geben wir fremden Menschen so viel von uns preis?
- Warum füttern wir „Freunde", denen wir noch nie begegnet sind, mit intimen Informationen aus unserem Leben?
- Weshalb nehmen wir das, was in den virtuellen Netzwerken passiert, so ernst?
- Was bewegt uns dazu, möglichst viele „Gefällt mir"-Angaben bekommen zu wollen?

Darauf gibt es eigentlich nur eine ehrliche Antwort: Wir Menschen sehnen uns nach Anerkennung. Es ist im Grunde also ganz logisch: Je mehr Freunde, desto mehr Anerkennung.

Entdecke die Möglichkeiten
Das könnte der Werbeslogan für sämtliche soziale Netzwerke sein, egal ob sie nun Facebook, Twitter, Xing, LinkedIn, Schüler- oder StudiVZ heißen. Sie alle verbindet eines: Sie bedienen die urmenschlichen Grundbedürfnisse nach Gemeinschaft, Kommunikation und Anerkennung. Via Social Media nehmen wir Kontakt zu anderen Menschen auf, finden Freunde, Anhänger, Follower, kommunizieren, stellen uns dar – und manchmal auch bloß ...

[2] Juan Faerman: Ebd., S. 115ff, faceboom – Wie das soziale Netzwerk Facebook unser Leben verändert, München 2010, S. 115ff

Aktive Nutzer bringen Umsatz!

Das Thema Social Media ist brisanter denn je, immerhin sind 70 Prozent aller Internetnutzer bei mindestens einem sozialen Netzwerk angemeldet! Daraus ist inzwischen ein gewinnbringender Wirtschaftszweig geworden.

Folgt man der Spur des Geldes, wird ziemlich schnell klar, dass die Betreiber von sozialen Netzwerken natürlich ein reges Interesse an aktiven Nutzern haben. Denn aktive Nutzer sind ihr Kapital, weil ihre Daten sich für die Betreiber in Geldwert auszahlen. Wie viele Daten soziale Netzwerke sammeln, kann man sich kaum vorstellen – und was sie damit machen, möchte man lieber nicht wissen.

Tatsache ist: Je mehr Informationen die Netzwerke ihren Werbekunden anbieten können, je zielgerichteter die Profilinformationen sind, desto gewinnbringender sind diese Daten. Denn die höchste Werbewirksamkeit erreicht natürlich derjenige, der seine Produkte direkt an die Zielgruppe promoten kann. Also an Personen beispielsweise eines gewissen Alters, Geschlechts oder aus einer speziellen Gegend.

Auch darin ist Facebook Spitzenreiter! Der Wert des Marktführers wird auf rund 100 Milliarden Dollar geschätzt. Ganz schön viel in Anbetracht der Tatsache, dass es sich dabei „nur" um eine Internetplattform handelt, auf der sich Menschen finden und in Kontakt bleiben können, oder? Facebook ist weit mehr als soziales Netzwerk und Werbeplattform, es liefert auch Personalchefs wichtige Informationen. Längst ist es weltweit üblich, dass Personaler die Daten ihrer Bewerber mit deren Facebook-Profilen abgleichen. Die Einsatzmöglichkeiten von Social Media sind nahezu grenzenlos. Was tun Sie, wenn Sie einen neuen Kontakt knüpfen oder einen neuen Auftraggeber kennenlernen? Jetzt mal ehrlich! Googeln Sie die Person sowie das Unternehmen und suchen sie auf Facebook?

„Gefällt mir" – das Ende der Privatsphäre

Der freundliche blaue „Daumen hoch"-Button auf Facebook ist der größte Datensammler überhaupt! Unter jedem Eintrag, jedem Bild, allem, das im Netzwerk gepostet wird, kann man entscheiden, ob es einem gefällt oder nicht. Beides lässt Rückschlüsse auf den User zu.

Zahlreiche Unternehmen, Organisationen und Dienstleister sind inzwischen dazu übergegangen, solche „Daumen hoch"-Buttons mit Facebook-Logo auf den eigenen Websites zu etablieren. Jeder x-beliebige Klick auf den „Gefällt mir"-Button reicht, um wertvolle Informationen an den Netzwerkbetreiber zu übermitteln.

Was viele allerdings nicht wissen: Allein die Tatsache, dass der Button auf einer Internetseite angezeigt wird, liefert Facebook viele neue Informationen, die sich vermarkten lassen. Auch dann, wenn man gar nicht draufklickt! So werden inzwischen auch Nicht-Facebook-Mitglieder zu dankbaren Datenlieferanten und helfen beim Erstellen von Interessensprofilen mit.

Genaues weiß man allerdings nicht – und weil man nichts Genaues weiß und Facebook auch keine Auskünfte gibt, kann man nur spekulieren, was mit den Daten passiert und wie lange sie gespeichert werden …

Verändern soziale Netzwerke die Gesellschaft?

Natürlich gibt es auch eine Menge kritische Stimmen zu Facebook & Co. Eine aktuelle Studie der renommierten Universität Oxford hat zum Beispiel gezeigt, dass wir durch soziale Netzwerke wie Facebook unsere Individualität aufgeben und in kindliche Denkweisen verfallen. Gerade Personen, die Portale wie Facebook regelmäßig nutzen, seien laut der Studie davon betroffen. Die Neurowissenschaftlerin Susan Greenfield stand mit diesen provokanten Thesen ad hoc im Rampenlicht der Medien. Anlass zur Sorge gab die Einführung einer neuen Funktion: „Facebook Home". Dadurch erfährt man sofort, was Freunde gerade in diesem Augenblick posten. So entstehe eine gewisse Abhängigkeit, die uns immer besessener mache, erklärt die Neurowissenschaftlerin. Sie kritisiert die Manie, mit der manche „Facebooker" und Twitter-Follower das Leben anderer überwachten und zeitgleich selbst jeden besonderen Moment in ihrem Leben bei Facebook & Co. festhielten. „Damit schaden wir vor allem uns selbst, genauer gesagt: unserer Individualität"[3] , betont sie. „Facebooker" – so Greenfield – lebten nicht mehr in der realen Welt, sondern in einem virtuellen Paralleluniversum, in dem nur zählt, was andere Menschen über einen denken und ob man für etwas angeklickt wird.

[3] Quelle: www.forschung-und-wissen.de/psychologie/facebook-veraendert-unser-gehirn-3572003/

Nun, das haben wir eigentlich selbst auch schon geahnt, nicht wahr?

Öffentliche Anerkennung scheint für das Leben Einzelner zunehmend an Bedeutung zu gewinnen, wie die wachsenden sozialen Netzwerke beweisen. Wen wundert's? Schließlich ist Aufmerksamkeit, die uns andere schenken, nun einmal „die unwiderstehlichste aller Drogen", so beschrieb es bereits im Jahr 1998 der Autor Georg Franck[4] („Ökonomie der Aufmerksamkeit", Hanser Verlag).

Viele Experten – unter anderem auch Prof. Manfred Spitzer – behaupten, dass sich unsere Einstellungen, unser Gedächtnis und unsere Konzentration aufgrund der sozialen Netzwerke verändern.

Laut Edy Portmann, Assistenzprofessor für Informationswissenschaft an der Universität Bern, wirken sich Facebook & Co. auch körperlich aus – und zwar auf den Hormonspiegel des Nutzers. Die ständigen Neuigkeiten reizen das Gehirn, wodurch Adrenalin freigesetzt wird, das süchtig machen kann. Verzicht auf Social Media kann demnach regelrecht zu „Entzugserscheinungen" führen, sodass die Betroffenen unruhig werden.[5]

Es gibt sogar einen Fachterminus für die neusten Entwicklungen in Sachen Social Media: „Cocooning".[6] Dieser Begriff stammt aus dem Englischen und wurde in den 80er-Jahren

---

[4] Quelle: www.heise.de/tp/artikel/6/6313/1.html
[5] Quelle: www.dpunkt.de/hmdissues/287/einwurf.php

von der US-amerikanischen Trendforscherin Faith Pop-
corn eingeführt. Er steht eigentlich für die Verpuppung
von Insekten. Auf die zunehmende Digitalisierung übertragen, bezeichnet er die Tendenz in unserer Gesellschaft,
dass Menschen sich vermehrt aus der sozialen Interaktion
im „echten Leben" in das häusliche Private und in soziale
Netzwerke zurückziehen.

**Was ist dran an all den Theorien? Welche Konsequenzen
haben sie für die Nutzer?**

In den vergangenen Jahren haben sehr viele Wissenschaftler untersucht, ob und wie sich die Nutzung von Social Media auf uns auswirkt. Wenn ich mir die Forschungsergebnisse zum Thema soziale Medien ansehe, dann kann ich nur
eines feststellen: Es gibt unzählige Studien zu allem, die
sowohl sämtliche Thesen be- als auch widerlegen.

Es ist wie bei fast allem: beides! Denn: „Das menschliche
Gehirn ist dem anderer Spezies überlegen, da es die einzig-
artige Fähigkeit hat, sich seiner Umgebung anzupassen –
es ist sozusagen formbar. Da wir in einer immer digitaler
werdenden Welt leben, sind wir permanent auf Alarmbe-
reitschaft getrimmt, was andere Menschen (in dem Fall unsere Facebook-Freunde) gerade tun oder welche Meinung
sie derzeit vertreten. Dadurch ändert sich unsere Denkwei-
se, unsere Einstellung zu vielen Dingen."[7]

---

[6] Vgl. de.academic.ru/dic.nsf/dewiki/271668

In dieser Aussage stecken zwei Wahrheiten – und meine Übertragung auf Sie, mich, uns lautet: Wenn unser Gehirn in der Lage ist, sich neuen Gegebenheiten anzupassen, dann sollten wir dieser Fähigkeit auch ein Stück weit vertrauen. Denken Sie nicht auch? Das bestätigte die Expertin Susan Greenfield übrigens ebenfalls in einem Interview mit dem britischen Daily Telegraph: „Das menschliche Gehirn ist formbar, daher passt es sich auch an die neue Medienwelt an."[8] Laut Greenfield kommt dadurch eine Art Evolutionsprozess in Gang und unser Gehirn verkabelt sich sozusagen neu.

Der bekannte Neurobiologe Gerald Hüther sieht das übrigens ähnlich. Eine intensive Social-Media-Nutzung wirke sich vor allem auf den sogenannten frontalen Kortex aus, so Hüther. Das ist der Bereich im Gehirn, mit dessen Hilfe wir uns in andere Menschen hineinversetzen und Handlungen planen sowie lernen können.

Ich persönlich erachte es als wichtig, dass Sie sich informieren, um sich eine eigene Meinung zu bilden. Mit diesem Kapitel möchte ich gerne einen entscheidenden Beitrag dazu leisten.

Ich hoffe, ich habe ausreichend dargelegt, welche Vor- und Nachteile Social Media hat. Social Media hat sich längst als eine von vielen Kommunikationsformen etab-

[7] Quelle: www.forschung-und-wissen.de/psychologie/facebook-veraendert-unser-gehirn-3572003/
[8] Quelle: www.telegraph.co.uk/technology/facebook/9975118/Facebook-Home-could-change-our-brains.html

liert. Es ist an der Zeit, dass Sie daraus fürs eigene Leben lernen. Nach all der Theorie folgt also die Praxis. Ich habe mir für Sie eigens ein kleines Trainingsprogramm ausgedacht, wie Sie – auch mithilfe von sozialen Netzwerken – Ihr Namens- und Gesichtergedächtnis trainieren können. Viel Spaß dabei!

KAPITEL 7

Mentale Fitness: einfach unvergesslich!

Können Sie sich Namen und Gesichter gut merken? Stellen Sie sich vor, Sie treffen auf eine neue Gruppe von Menschen – zum Beispiel neue Kollegen, Mitarbeiter, Workshop-Teilnehmer, Sportpartner ... Alle stellen sich vor. Kaum fällt der zweite Name, zack!, da haben Sie den ersten auch schon vergessen. Das ist vielleicht ein wenig unangenehm und womöglich auch peinlich – aber gleichzeitig vollkommen normal! In diesem Kapitel werden Sie lernen, wie Sie sich Namen sowie Gesichter neuer Kontakte sofort beim ersten Hören einprägen und spielend leicht auch auf Dauer merken können.

So funktioniert's: ab heute ein gutes Namens- und Gesichtergedächtnis

„Also mit Gesichtern habe ich ja gar keine Probleme, mir fällt nur der Name dazu oft nicht mehr ein …" Könnte diese Aussage von Ihnen stammen? Dazu kann ich Ihnen nur sagen: Es ist vollkommen normal, dass Sie sich ein Gesicht besser merken können. Wissen Sie, warum? Weil es ein Bild ist. Ganz einfach. Umgekehrt wird es Ihnen wohl kaum passieren, dass Sie eine Person treffen und zugeben müssen: „Mensch, du bist doch der Franz Bauer, aber ich wusste nicht mehr, wie du aussiehst!"

Stellen Sie sich vor, Sie gehen auf eine Veranstaltung und am Ende des Abends können Sie alle Personen, die Sie dort getroffen haben, beim Namen nennen und sich persönlich von ihnen verabschieden. Egal, ob Sie dort 5, 10, 40 oder gar 70 Personen kennengelernt haben. Damit schenken Sie diesen Menschen eine Wertschätzung, die nicht selbstverständlich ist, und genau das ist – nicht nur im Business – ein absoluter Erfolgsfaktor! Der Name allein ist für unser Gehirn eine rein rationale Information, diese wird erst zusammen mit dem „Äußeren", dem Aussehen, der betreffenden Person zu einem emotionalen Gesamtbild. Genau diese Funktionsweise Ihres Gehirns können Sie sich zunutze machen, um sich an Namen leichter zu erinnern. Wie das geht? Das zeige ich Ihnen jetzt! Denn dieses Kapitel ist der Praxis und weniger der Theorie gewidmet. Sie dürfen sich freuen, es wird Spaß machen.

Namen und Gesichter merken – mit der Mnemo-Technik

Angenommen, Sie lernen in einem Meeting oder auf einer Party sehr viele neue Menschen kennen. Dann ist es wenig sinnvoll, dass Sie sich den Namen einer Person mithilfe Ihrer Körperliste (siehe Seite 72) merken. Sie brauchen zum Einprägen von Namen mentale Briefkästen, die nicht an Ihrem Körper sind. Haben Sie eine Idee, wo diese alternativ sein könnten? Klar, an der Person selbst! Die- oder derjenige sollte den Briefkasten idealerweise einfach immer mit sich herumtragen. Denn dann springt Ihnen jedes Mal, wenn Sie die Person sehen, der Briefkasten sofort ins Auge.

Namen merken können wir uns am besten mit der Mnemo-Technik – also durch das Verbildern, Assoziieren, Emotionalisieren und Mit-allen-Sinnen-Wahrnehmen. Um die Namen mit den jeweiligen Gesichtern zu verknüpfen, richten wir uns Ankerpunkte als mentale Briefkästen direkt an der betreffenden Person ein! Was könnte so ein Ankerpunkt oder Briefkasten sein? Am besten natürlich ein markantes Merkmal, das sofort an der Person auffällt.

Ankerpunkte: markante Merkmale

Wichtig: Das Merkmal muss auf den ersten Blick ins Auge fallen!

Permanente Ankerpunkte [alles, was – in der Regel jedenfalls! – bleibt]:
• das Gesicht
• besonders strahlende Augen
• eine sehr große oder auffällig kleine Nase
• schmale oder besonders volle Lippen
• Sommerprossen, Muttermale
• ein Mittel- oder Seitenscheitel
• dicke oder dünne Augenbrauen
• die Statur

Temporäre Ankerpunkte [variabel, können sich verändern]:
• eine auffällige Frsiur [Glatze, Lockenpracht etc.]
• die Kleidung
• eine Brille
• Schmuck [Ohrringe, eine Kette]
• Piercing[s]
• Bart

Sie können sowohl permanente als auch temporäre Ankerpunkte nutzen, um sich das gesamte Erscheinungsbild einer Person einzuprägen. Vielleicht fragen Sie sich jetzt: Und was ist, wenn die Person beim nächsten Mal eine neue

Frisur oder Brille hat, andere Kleidung trägt (was ja sehr wahrscheinlich sein dürfte)? Das macht gar nichts! Denn dann wissen Sie trotzdem noch, dass er beziehungsweise sie gestern noch eine Brille getragen hat. Weil Sie sich das Gesamtbild der Person gemerkt haben. Die Brille, die Frisur, ein giftgrüner Pullover, funkelnde Ohrringe, ein Dreitagebart – auch all diese variablen Ankerpunkte sind gute Briefkästen! Sie werden sehen, dass auch diese funktionieren und dass Sie sie nur zum Einstieg in den Namen brauchen. Welche Merkmale Sie sich an der betreffenden Person heraussuchen, das bleibt ganz Ihnen überlassen. Hauptsache, Ihre Ankerpunkte fallen Ihnen auf den ersten Blick sofort ins Auge.

Die Wahl des Merkmals hängt zum Großteil auch von Ihrem persönlichen Hintergrund ab. Für Orthopäden ist vermutlich auch der Senk- und Spreizfuß eines Patienten ein guter Anker. Oder für den Hausarzt das Muttermal am Oberschenkel. Und der Zahnarzt sucht sich Besonderheiten im Kiefer, schiefe oder besonders weiße Zähne. Wohingegen der Schuhverkäufer sich vielleicht an riesige oder extrem kleine Füße oder womöglich auch starken Fußgeruch erinnert ...

Welches Merkmal Ihnen auch immer in den Sinn kommt: Mit diesem Merkmal verknüpfen Sie dann den Namen der Person. Und zwar auf MERKwürdige Art und Weise!

Drei Schritte beim Namen- und Gesichtermerken

1. Schritt: Mentalen Briefkasten aufmachen. Und zwar bevor die Person den ersten Ton sagt!
Finden Sie ein markantes Merkmal an der Person, egal ob temporär oder permanent.

2. Schritt: In ein Bild verwandeln. Wenn Sie den Namen hören, verwandeln Sie ihn sofort in ein Bild. Die Bilder, die Ihnen zuerst einfallen, sind übrigens immer die besten und effektivsten! Also nicht zu lange überlegen. Phonetisch (Beispiel: Birgit = die Frau, bei der es ein Bier gibt) oder assoziativ (Ruth = Rute oder die Person sieht vielleicht einem Promi ähnlich?).

3. Schritt: Mentalen Briefkasten und Namensbild verknüpfen. Das Bild, das Sie für den Namen gefunden haben, verknüpfen Sie nun mit Ihrem mentalen Briefkasten (also dem markanten Merkmal). Und zwar unbedingt auf übertriebene, groteske, schmerzhafte, erotische, abnormale, sprich: MERKwürdige Art und Weise.

Wichtig: Wenn sich Ihnen jemand vorstellt, dann konzentrieren Sie sich im ersten Moment voll und ganz auf diese Person und ihr Aussehen. Finden Sie einen Ankerpunkt und wenn Sie den Namen hören, ein Bild. Es gilt: Schauen Sie hin und hören Sie gut zu – und zwar richtig! Die meisten sehen und hören nur halbherzig hin, wenn sie einem Menschen erstmals begegnen und ein Name fällt. Kein Wunder, dass man sich den Namen dann nicht merken kann, oder? Also nehmen Sie ihn bewusst wahr, dann fällt es Ihnen wesentlich leichter.

Einige praktische Beispiele für Sie aus meinem Leben:

Vor nicht allzu langer Zeit lernte ich meine Lektorin **Isabella** kennen. Beim ersten Kennenlernen fiel mir sofort ihre markante braune Hornbrille auf. Als sie dann ihren Namen sagte, musste ich an einen Hund denken, der aus dem Münchner Fluss, der Isar, eine Brille herausholt und bellt. Auch wenn Isabella seither bei weiteren Treffen Kontaktlinsen trug statt Brille, hatte ich dieses Bild in meinem Kopf gespeichert.

Ein inzwischen guter Freund von mir heißt **Thomas.** Als ich ihn zum ersten Mal traf, stach mir gleich seine große Knollennase ins Auge. Als Bild stellte ich mir dann eine Tomate in seinem Gesicht vor – und merkte mir so seinen Namen: Tomatennase = Thomas.

Bei meinem Bekannten **Christian** fiel mir sofort die hohe Stirn, also seine Glatze, auf. Das war mein mentaler Briefkasten. Christian ist für mich ein Kreuz. Das habe ich einmal festgelegt. Die Verknüpfung war dann relativ einfach. Die Glatze war für mich der Ölberg, auf dem ich ein Kreuz verankere. Somit war mir vollkommen klar: Glatze – Ölberg – Kreuz = Christian.

Mein Tipp für Sie: Versuchen Sie in den nächsten Tagen einmal, bei den Menschen, die Sie treffen, Ankerpunkte zu finden und das Verbildern zu üben. Jedes Mal, wenn Sie einer neuen Person begegnen. In den öffentlichen Verkehrsmitteln, im Restaurant, in der Bäckerei, auf Partys ... Bleiben Sie dran und üben Sie. Tag für Tag. Sie werden sehen, es wird täglich immer einfacher für Sie werden und leichter sowie schneller gehen. Auf meiner Website können Sie sich eine umfangreiche Liste bereits verbilderter Vor- und Nachnamen downloaden, und zwar unter folgendem Link: www.unvergesslich.de.

Meine Top-15-Namensbilder

Auf Platz Nr. 15 steht die **Gudrun.** Sie ist für mich ein Marathonläufer. Warum? Na ja, das ist ja ein guter Renner, also ein „good runner": Gudrun.

Nr. 14 ist die **Beate.** Sie ist für mich ein ganz spezieller Shop am Flughafen oder im Bahnhofsviertel. Die Uhse von nebenan. Also Beate.

Nr. 13 sind **Manuel** oder **Manuela:** bei denen geht alles manuell.

Nr. 12 ist **Anke:** „Danke ... Anke!"

Nr. 11 ist **Waldtraud:** das ist die, die sich in den Wald traut.

Nr. 10 ist **Jörg:** der Frosch – wenn ich dem den Hals umdrehe, dann klingt das so: „Jöööörg!"

Nr. 9 ist **Jürgen:** den würge ich – und das in allen Varianten.

Nr. 8 ist **Harald:** ein altes Haar, Haaaarald; diejenigen, die Otto – Der Film gesehen haben, wissen, was ich meine. Haaarald, und der wurd 100 Jaaaaahr alt.

Nr. 7 ist **Philipp:** die berühmte Glühbirne von Philips.

Nr. 6 ist **Andrea,** mit dieser Dame tanz ich „an Dreher".

Nr. 5 ist **Rudolf,** da sehe ich automatisch eine rote Nase – „Rudolf the rednosed reindeer".

Nr. 4 ist **Birgit:** das ist die Frau, bei der es immer ein Bier gibt.

Nr. 3 ist **Isabell:** ein Hund in der Isar, der bellt, also die Isabell.

Nr. 2 ist **Christel:** Jesus, der telefoniert.

Und meine absolute Nr. 1 ist die **Monika.** Aber das hat nichts mit Gedächtnistechniken zu tun. Das ist einfach der schönste Frauenname, den es gibt, und den merke ich mir ohne jede Technik, weil einfach keine Monika, die ich treffe, auch nur annähernd so gut aussieht wie meine …

Um sich Vornamen zu merken, können Sie in vielen Fällen übrigens auch die Reimmethode anwenden:

Vielleicht kennen Sie den Spruch: „Sabine, Sabine steht hinter der Gardine. Unten schauen die Füße raus, Sabine ist 'ne süße Maus!"?

Entwerfen Sie krasse Bilder

Je krasser Ihre Bilder und Ihre Geschichten zu Namen ausfallen, desto besser, merkfähiger und erinnerungswürdiger sind sie. Machen Sie sich eigene Bilderverknüpfungen zu den Namen. Ihre eigenen Kreationen können Sie sich am besten merken. Aber: Verraten Sie Ihrem Gegenüber bloß nie, wie Sie sich seinen oder ihren Namen gemerkt haben! Auch nicht auf Nachfrage. Behalten Sie lieber für sich, was Sie mit einem Namen assoziieren. Sie müssen niemandem erklären, dass Sie sich an seinen Namen anhand seiner großen Nase erinnern ... Die Hauptsache ist: Ihre Assoziation ist MERKwürdig für Ihr Gehirn, also würdig, gemerkt zu werden. Das ist alles.

„Mensch, Herr Hofmann, das ist mir zu kompliziert!"

„Ist das nicht ein unnötiger Umweg, erst über Bilder zu gehen, die Namen zu verbildern, um dann später die Bilder wieder in Namen aufzulösen?", wurde ich bereits mehr als einmal während meiner Vorträge gefragt. Das mag auf den ersten Eindruck kompliziert erscheinen, in Wahrheit ist es aber hocheffektiv! Tatsächlich funktioniert unser Gehirn genau so: Es speichert Informationen als Bilder ab. Und das machen Sie auch, wenn Sie die hier beschriebene Mnemo-Technik anwenden: Sie helfen Ihrem Erinnerungsvermögen, indem Sie ihm Bilder geben. Die bildhafte Vorstellungskraft besitzen Sie seit Ihrer Geburt.

Wem das Verbildlichen von Namen schwerfällt, den kann ich trösten: Sie haben es nur verlernt. Denn als Kind haben Sie nichts anderes gemacht – und natürlich können Sie es wieder erlernen! Also seien Sie geduldig und gütig mit sich selbst. Erwachsene brauchen dafür in der Regel ein bis zwei Wochen. Dann ist es so weit: Sie denken wieder intuitiv in Bildern – und haben keine peinlichen Namensvergesser mehr zu befürchten!

Die Silbentechnik

Manche Nachnamen sind schwieriger. Was machen Sie zum Beispiel mit einem Nachnamen wie Kowalski? Wer nicht Polnisch spricht (poln. kowal = „Schmied"), wird sich mit Bildern behelfen müssen, die er aus einzelnen Silben bildet. Ko-Wal-Ski. Da steckt ein Wal drin. Und ein Ski. Wal-Ski. Bleibt noch übrig die Silbe: Ko. Und für diese Silbe suchen Sie sich ein Bild. Ko, das steht für Kobold. Das legen wir einfach fest: Alle Ko-Silben stehen also für Kobold.

Nun bilden Sie ein Bild aus Kobold, Wal und Ski. Angenommen, Frau Kowalski hat auffällig große, runde Ohrringe. Dann stellen Sie sich vor, wie darin ein Kobold schaukelt. Dieser Kobold sitzt auf einem Wal, der Ski fährt. Und so düsen sie gemeinsam durch die runden Ohrringe. Der Kobold auf dem Ski fahrenden Wal. Kowalski.

Nachnamen leichter merken – mit der Silbentechnik
Angenommen, ein Nachname sagt Ihnen gar nichts. Sie treffen das erste Mal einen Herrn Blumeder auf einer Ver-

anstaltung und benutzen erstmals das Bild der Blume für diesen Namen – dann könnte es schwierig werden. Blume wird Ihnen einfallen, aber erinnern Sie sich auch, dass er Blumeder heißt? Das Bild muss nicht exakt sein. Es ist ein Verweis, um in die richtige Richtung zu denken. Unserem Gehirn reicht es, wenn Sie ihm einen Impuls geben, der lautet: so ähnlich! Dann wird es fündig werden – mal schneller, mal weniger schnell. Wenn es schneller gehen soll, empfehle ich Ihnen, dass Sie lieber Silben für den Namen Blumeder finden und diese mit zwei Bildern verknüpfen. Zum Beispiel eine Blume und Meister Eder. Das ist nah dran an Blumeder. Und verbildern lassen sich die beiden Wörter auch prima, selbst wenn Sie keine Kinder haben, die Fans von Pumuckl sind. Sie sehen also: Der Name mag noch so kompliziert klingen – ein Bild finden Sie bestimmt dennoch!

Ich hielt einmal einen Vortrag auf Englisch vor 150 internationalen Sales-Leuten. Unter anderem war auch ein Herr Takahiro aus Japan mit von der Partie. Na, sind Sie neugierig, welches Bild ich aus seinem Namen gemacht habe? Ich hörte zwei Wortteile: Taka und Hero – also ein Held. Somit war sofort klar, dass das der größte japanische Held beim Takataka-Machen war. Takahiro eben.

Ich empfehle Ihnen, bei komplizierten Namen (funktioniert auch bei Vokabeln) immer die Silbentechnik anzuwenden und das Wort in einzelne Bestandteile zu teilen. Wichtig ist, dass Sie Wortteile wählen, zu denen Ihnen schnell Bilder einfallen, sodass Sie assoziieren können. Das Tolle an der deutschen Sprache ist, dass wir rund 350 bis 400 Silben haben.

Nutzen Sie gerne meine folgenden zwei Listen – für Wörter und Namen aus Zweier- und Dreierkombinationen von Silben.

Silben I – Zweierkombinationen

Wortbestandteil	Bild/Symbol	Ihr Bild/Symbol
Al	All	
An	an wie aus	
Ar	Argentinien	
At	Attentat	
Au	Auto	
Be	Besen	
Bo	Boot	
Bu	Geist (Buhuuuu!)	
Ce	CeBit	
Ch	Schweiz	
Ci	Cicero	
Da	Dach	
De	Degen	
Di	Dia	
Du	Dudelsack	
Ea	Earl Grey	
Ei	Ei	
El	Ellbogen	
En	Ente	
Er	er wie „er, sie, es"	
Es	Essen	

Wortbestandteil	Bild/Symbol	Ihr Bild/Symbol
Ge	Gehsteig	
Ha	Hantel	
He	Hebel	
Hi	Hi-Fi-Anlage	
Hat	Jacht	
Ic	Icon	
Ie	Internet Explorer	
Il	Liquidation (Wie die Abkürzung i.l.)	
In	Inder	
It	Italien	
Ki	Kind	
Le	Lehm	
Li	Licht	
Me	Meister Eder	
Mi	Milch	
Mo	Mozart	
Nd	NDR	
Ne	Nebel	
Ng	Fang	
Nu	Nudel	
On	on (statt off)	
Or	Oregano	
Ou	Ouzo	
Ra	Rabe/Rad	
Re	Reh im Wald	
Ri	Ritter	

Wortbestandteil	Bild/Symbol	Ihr Bild/Symbol
Ru	Ruder	
Sc	ESC	
Se	See	
Si	Silberner Ring	
St	Stern	
Ta	Tasse	
Te	Tee	
Th	Theater	
Ti	Tiefsee	
Tr	Trunkenbold	
Un	UNO	
Us	Uschi Glas	
Ve	Vene	
Vi	Viadukt	
Wa	Warze	
Wi	Wiege	

Silben II – Dreierkombinationen

Wortbestandteil	Bild/Symbol	Ihr Bild/Symbol
Abe	Abend	
Ach	Achillesferse	
And	Andachtsbild	
Auf	auf (offen)	
Aus	Auspuff	
Ben	Big Ben	
Ber	Berlin	
Bil	Billard	
Che	Che Guevara	
Cke	Ecke	
Das	das da – und nicht das da	
Den	Strumpfhose (z. B. 15 den Stärke)	
Der	„Der, die, das, wer, wie, was …" (Titellied der Sesamstraße)	
Die	Diesel	
Ein	Ein-Euro-Stück	
Eit	Eiter	
End	Sackgasse (Ende)	

Wortbestandteil	Bild/Symbol	Ihr Bild/Symbol
Ers	Erstgeborener (vielleicht ein eigenes Kind oder das von Bekannten/Freunden)	
Ese	Essen	
Esc	Escobar	
Fen	Fenchel	
Gen	Genmais	
Gie	Gießkanne	
Gul	Gulasch	
Hen	Henne	
Ich	Ich (nicht du)	
Ige	Igel	
Ine	ineinandergreifen	
Ist	Istanbul	
(C)Ken	Ken (Barbies Ken)	
Lau	Laub	
Lic	Licht	
Ler	Lerche	
Men	Mensa	
Mit	Mittelalter	
Neh	Nähmaschine	
Nen	Nena (die Sängerin)	

Wortbestandteil	Bild/Symbol	Ihr Bild/Symbol
Nic	Nickel	
Ren	Rentier	
Sch	Schei… ja, genau, Scheibenkleister oder so ähnlich	
Sei	Seife	
Sen	Senf	
Sic	Sichel	
Sie	Siegel	
Ste	Stern	
Ten	Tennisball	
Tig	Tiger	
Ter	Terrakotta	
Tet	Tête-à-Tête	
Tel	Telefon	
Und	Pluszeichen	
Ung	Ungarn	
Vor	Vorderpfote	
Ver	Vermählte	
Wen	Wendeltreppe	
Weg	Wegweiser	
Wer	Werferin	

Praxis: Ähnlich klingende Namen leichter unterscheiden

Wie unterscheidet man Namen wie Christine, Christina, Christiane, Christel und Christa? Christoph, Christopher und Christian? Auch dazu können Sie die Silbentechnik nutzen!

Christian – sozusagen die Grundform all dieser Namen – ist für mich immer ein Kreuz oder Jesus. Jede Abwandlung des Namens bekommt, zur Unterscheidung, noch einen kleinen Anhang. Für die jeweilige Silbe.

„Na" steht für die Nacht und „Ne" ist der Nebel.

Bei **Christi-na** angewendet bedeutet das also: Wenn ich den Namen Christina höre, habe ich das Bild von einem Kreuz in der **Nacht** vor Augen.

Wenn ich eine **Christi-ne** höre, dann steht das Kreuz im **Nebel**.

Wenn ich Jesus über den Ölberg mit seinem Kreuz und einer Liane schwingen sehe, dann sehe ich die **Christi-aahahaha-ne**.

Wenn ich Jesus eine Tasse in die Hand drücke, dann ist es? Na? Kommen Sie darauf? **Chris-ta** natürlich. Ta, wie die **Tasse**.

Wenn Jesus **telefoniert**, dann ist es? **Chris-tel**.

Wenn es für Sie nicht okay ist, Jesus in diesen humorvollen Zusammenhängen zu sehen, weil Sie sehr strenggläubig sind, finden und nehmen Sie bitte einfach ein anderes Bild, das für Sie passt **und** MERKwürdig ist.

Herzlichen Glückwunsch, ich darf Ihnen gratulieren. Nun haben Sie ausgiebig geübt und einige Techniken gelernt, wie Sie sich Namen und Gesichter besser, schneller und leichter einprägen. Im nächsten Kapitel werde ich das große Thema Lernen weiter betrachten und vertiefen.

KAPITEL 8:
Lernen – kann man lernen

....

Wir Menschen sind geboren, um unser Leben lang zu lernen. In uns ist ein ganz natürlicher Wissenstrieb angelegt.
Bei Kindern ist die Neugier, Neues zu erlernen, noch stärker vorhanden. Aber auch als Erwachsene können wir die
Lust am Lernen wiedergewinnen und unsere Lernfähigkeit
trainieren. Das hat viele Vorteile, wie Sie in diesem Kapitel
erfahren werden. Denn wer immer weiterlernt, der bleibt
(geistig) beweglich – und lebt das Gegenteil von „Digitaler
Demenz".

....

Entdecken Sie Ihren Lerntrieb

Sie haben einen natürlichen Lerntrieb, der Sie dazu motiviert, sich immer weiterzuentwickeln und Neues zu erlernen. Es kann allerdings sein, dass Ihre Neugier ein wenig getrübt ist. Weil Sie zum Beispiel negative Erfahrungen zum Thema Lernen gemacht haben (was eigentlich auf alle zutrifft, die irgendwann einmal eine Schule besucht haben). Damit meine ich, dass Sie den Lernprozess allgemein womöglich mit Gefühlen von Angst, Druck und Anstrengung verbinden. Auch Wissen, dass Sie zu theoretisch konsumieren, wird Ihnen keine Anregung sein, es im Kopf zu behalten. Was Sie brauchen, ist Praxis, sprich Wissen direkt selbst anwenden und ausprobieren! Als Kind haben Sie das noch ganz natürlich getan, haben auch nicht erst zig Bücher gewälzt, bevor Sie die ersten Schritte machten. Sie haben einfach ausprobiert zu laufen und irgendwann konnten Sie es dann. Und genau diese Veranlagung liegt auch als Erwachsene noch in uns, wir vergessen das nur leider allzu oft.

Es ist wichtig und entscheidend, beim Lernen sowie Entdecken und Aneignen von Neuem stets verschiedene Sinnesreize mit einzubeziehen. Dadurch werden Netzwerke und Verbindungen in Ihrem Gehirn aktiviert, die dafür sorgen, dass Sie ein Gefühl von Wohlbefinden haben und Ihr Gedächtnis gestärkt wird.

Wir erinnern uns an ...

... 10 Prozent dessen, was wir gelesen haben.
... 20 Prozent dessen, was wir gehört haben.
... 30 Prozent dessen, was wir gesehen haben.
... 50 Prozent dessen, was wir gehört und gesehen
haben.
... 70 Prozent dessen, was wir selbst gesagt haben.
Und 90 Prozent dessen, was wir selbst gemacht
haben.

Wenn Sie also etwas lernen wollen, sollten Sie vor allem darauf achten, dass Sie selbst in Aktion gehen. In Bezug auf die zunehmende Digitalisierung könnte das beispielsweise bedeuten: Liebe digitale Immigranten, probieren Sie die Benutzung des Smartphones doch einfach einmal aus! Der Nutzen kommt mit der Anwendung. Denn Smartphones und Tablets können Sie erleben, fühlen, hören, sehen ... Somit ist die entscheidendste Bedingung an Lernprozesse erfüllt: Ihre Sinne sind mit involviert!

Diese Hintergrundinformationen zum Thema Lernen sind wichtig, um Ihnen die Angst vor der digitalen Demenz abschließend endgültig zu nehmen. Dieses Kapitel wird die vielfache Kritik in Bezug auf die zunehmende Digitalisierung entkräften. Denn die digitalen Weiterentwicklungen sind sogar nützlich für unser Gehirn!

Lernen ist ein aktiver Prozess

Das Phänomen „Lernen" ist komplex – und dafür gibt es zwei Gründe:

1. Wissen kann nicht einfach übertragen, sondern muss im Gehirn des Empfängers (also beispielsweise des Schülers oder digitalen Immigranten) erst erschaffen werden. Dafür muss man einen Bedeutungskontext herstellen. Mit anderen Worten: Die Frage danach, was Sie davon haben, muss beantwortet werden. Ansonsten geht die Information zum einen Ohr rein und zum andern wieder raus – und nichts bleibt hängen.

2. Lernen ist nie passiv, sondern setzt aktive Beteiligung des Lernenden voraus. Übertragen auf unseren digitalisierten Alltag heißt das, Sie werden erst lernen, mit dem Internet, dem Smartphone, Tablet oder Laptop umzugehen, wenn Sie aktiv werden und diese Früchte der digitalen Weiterentwicklung ernten – spricht nutzen.

Gehirnen kann man nichts „vermitteln" oder „eintrichtern", Wissen muss von jedem Lernenden selbst „erschaffen" werden. Das ist der Schlüsselsatz. Jeder Mensch erzeugt Wissen, und die dazugehörige Bedeutung, auf ganz individuelle Weise.

Unser Gehirn kann nicht NICHT lernen. Es lernt in jedem Augenblick.

Diese Tatsache wird, meines Erachtens, in unserer Gesellschaft noch viel zu wenig berücksichtigt. Dass ihr so wenig

Bedeutung beigemessen wird, führt dazu, dass wir in Bezug auf Neues (so auch was die digitalen und technischen Entwicklungen betrifft) ängstlich und skeptisch sind. Gerade die jüngeren Generationen, die bereits mit dem Digitalen als natürlichem Faktor aufwachsen, begeistert der spielerische Effekt von Internet, Smartphone & Co. Hier gibt es keine Berührungsängste, weil der Bedeutungskontext klar ist: Mit einer Taxi-App komme ich schnell an ein Taxi und brauche nicht mehr zu telefonieren, mit Google Maps kann ich mich auch unterwegs orientieren und finde den Weg spielend leicht. Mit dem eigenen Smartphone tragen Sie in nur einem Gerät alles bei sich, was Sie brauchen: Stadtpläne, Wörterbücher, Bücher, E-Mails, Telefon, Notizzettel, Terminkalender, Wecker, Uhr, Fotoapparat, Internet, Filme, Musik, Radio, Nachrichten und so weiter und so fort ... Wer stellt sich da noch die Frage, ob womöglich „„Digitale Demenz"" droht? Dieser Gedanke entsteht allein aus der Theorie und Distanz einer Generation, die schleunigst den Anschluss finden sollte, um nicht in Zukunft alt auszusehen. Denn die Praxis, die digitale Lebenswelt, verheißt schließlich etwas ganz anderes, Großes!

Eine Emotion ist eine Emotion ist eine Emotion ...
Entscheidend dafür, wie Informationen aufgenommen und im Gedächtnis verankert werden, ist der Kontext: die momentane Stimmungslage, die eigene Lebenssituation und die Art und Weise, wie Neues präsentiert und vermittelt wird.

Genau das muss Steve Jobs ganz genau gewusst haben, als er das iPhone entwickelte. Wie oft schon habe ich die

Aussage gehört: „Ich liebe mein iPhone!!!" Es ist schon erstaunlich, wie diese Innovation die Welt und die Herzen der Apple-Fans erobert hat. iPhone, also bin ich. Das ist der Zeitgeist des 21. Jahrhunderts. Warum? Ich hatte es eingangs erwähnt: Emotionen sind entscheidend. Das gilt natürlich für alle Smartphones, egal welcher Marke!

Deswegen wird jemand, der zum ersten Mal mit dem Smartphone herumspielt und auf diesem Weg praktisch erfährt beziehungsweise lernt, was es alles kann und wie nützlich es ist, einen ganz anderen Bezug zur Digitalisierung herstellen als jemand, der mit Angst und Skepsis theoretisch über die möglichen negativen Auswirkungen nachdenkt.

Der Hippocampus – unser „Neuigkeiten-Detektor"
Alles, was mit emotionsgeladenen Details „gewürzt" ist, geht Ihnen leichter von der Hand. Das ist ein wissenschaftlich erwiesener Fakt. Wir lernen leichter und erheblich schneller, wenn das limbische System im Gehirn (das für Emotionen zuständig ist) involviert wird. Dabei spielt der Hippocampus (siehe auch Seite 42) eine wichtige Rolle.

Sie ahnen sicherlich schon gleich, was genau diese Information jetzt mit den digitalen Entwicklungen zu tun haben könnte.

Wenn Sie eine Straße oder schnell ein Wort auf Englisch finden wollen, dafür aber umständlich in einer Karte suchen oder in einem dicken Wörterbuch nachschlagen müssen, werden Sie dabei unter Garantie weniger positive Emotionen haben, als wenn Sie das iPhone zücken und alles, was Sie jetzt in diesem Moment gerade brauchen, innerhalb weniger Sekunden verfügbar haben. Das und die Tatsache, dass Smartphones so kinderleicht zu bedienen sind, spielt eine wesentliche Rolle dafür, warum sie so beliebt sind. Denn absolut jeder, der möchte, kann den Umgang spielend leicht und auch sehr schnell lernen!

Der Hippocampus ist ein Bestandteil des Gehirns und ähnelt im Aussehen stark einem Seepferdchen. Er ist die zentrale Schaltstation und der „Neuigkeiten-Detektor" Ihres Gehirns. Stellen Sie sich ihn wie einen Pförtner vor. Er lässt Informationen durch – oder auch nicht. Je nachdem, ob er Lust dazu hat. Das ist nämlich nicht garantiert, denn der Hippocampus langweilt sich sehr schnell. Sein Job ist es, neue Informationen mit vorhandenen abzugleichen und nach Verknüpfungspunkten zu suchen. Wenn da ständig dieselbe trockene Information kommt, hat er keinen Spaß und schließt die Tür.

Mit welchen Tricks kann man also den Hippocampus bei Laune halten? Zum Beispiel mit Abwechslung und Spaß. Ja, ganz genau, Sie ahnen es schon: Dieses Bedürfnis bedienen die digitalen Medien natürlich zu 100 Prozent.

Die Amygdala – wenn die Angst mitlernt

Auch die Amygdala (Mandelkern) ist ein zentraler Bestandteil des Gehirns. Sie ist etwa so groß wie eine Mandel und ebenso geformt. Alles, was wir mit unseren Sinnen aufnehmen, wird an die Wahrnehmungsareale des Gehirns weitergeleitet. Von diesen Arealen geht die Information zur

Amygdala und wird von ihr streng geprüft. Droht Unheil oder eine Gefahr, wird sofort die Abwehr mobilisiert. Die Amygdala ist eine sehr empfindliche „Alarmanlage".

Bei Gefahr geraten wir in Erregung, springen zurück oder schlagen blitzschnell zu. Angst ist ein normaler und notwendiger Teil unseres Lebens. Angst schützt uns vor Gefahren. Viele Situationen, in denen wir Angst spüren, erlernen wir im Laufe unseres Lebens – auch die Angst vor Neuem und vor dem eigenen Versagen gehört dazu. Allerdings verhindert die Angst auch, dass wir lernen und neues Wissen aufnehmen – und sie „tötet" jede Kreativität.

Immer dann, wenn etwas Neues registriert wird, wird Dopamin ausgeschüttet und sorgt ganz natürlich für Motivation. Der Neurotransmitter produziert eine größere Klarheit im Denken und versieht Dinge und Ereignisse mit einer gewissen Bedeutung. Die Motivation setzt einen positiven Lernkreislauf in Gang: Neues wird leichter im Gehirn verarbeitet und gespeichert, daraus resultieren Erfolge, die Selbstbewusstsein und Optimismus stärken, was wiederum der Motivation zuträglich ist. Genau das erleben übrigens viele, wenn sie zum ersten Mal ein Smartphone oder Tablet bedienen!

Lassen Sie uns einen Test machen!

Noch immer wird in unserer Gesellschaft überwiegend de-motiviert, weil die Fehlersuche ein Grundelement der Bewertung von allem ist. Ein einfaches Beispiel: Unter dem Englisch-Diktat steht: „Du hast fünf Fehler!" – Niemand sagt dem Schüler, dass 250 Wörter richtig waren!
Schauen Sie sich jetzt bitte folgende Rechenbeispiele an:

$3 \times 5 = 15$
$2 \times 8 = 16$
$21 - 9 = 12$
$12 - 6 = 6$
$5 \times 5 = 24$
$8 + 6 = 14$
$7 + 6 = 13$

Was ist Ihnen aufgefallen? Obwohl ich Ihnen das Beispiel mit dem Englisch-Diktat gerade erst erzählt habe und Sie wahrscheinlich auch verstanden haben, auf was ich hin-auswollte, ist Ihnen trotzdem als Erstes die Gleichung $5 \times 5 = 24$ ins Auge gefallen. Nicht wahr? Sie denken innerlich: Das ist doch falsch! – und sagen nicht primär: „Die anderen sechs Gleichungen sind richtig."

Die Fehlersuche begleitet uns als Kinder, Schüler und junge Menschen so lange, dass wir als Erwachsene gar nicht anders können, als nach Fehlern oder nach etwas, das womöglich schädlich oder gefährlich für uns sein könnte, Ausschau zu halten. Für mich klingt es logisch, dass daher so viele Menschen in Bezug auf die digitalen Entwicklungen eine Haltung des Misstrauens einnehmen.

Welcher Lerntyp sind Sie?

Lernen ist so individuell wie wir Menschen selbst. Wir sind nicht alle blond, groß und sportlich. Und genauso wenig lernen wir Menschen alle gleich! Es gibt 4 Lerntypen, die grundsätzlich voneinander unterschieden werden.

Die vier Lerntypen

1. **Der visuell-verbale Typ:** Ihm fällt es leicht, sich Wissen aus Texten und Büchern anzueignen.

2. **Der auditiv-verbale Typ:** Ihm bleiben vor allem vorgetragene Informationen (über Vorträge oder Reden) am besten im Kopf.

3. **Der auditiv-kommunikative Typ:** Er lernt, indem er über den Stoff mit anderen spricht – und kann gut mit dem Frage-Antwort-Prinzip umgehen.

4. **Der haptisch-motorische Typ:** Er lernt am besten, wenn er Dinge erfühlt und sich bewegt.

Haben Sie eine Idee, welcher Typ Sie sein könnten? Die meisten von uns haben eine ganz intuitive Einschätzung dazu, wie sie selbst am einfachsten lernen können. Am besten ist es, wenn Lernstoff multisensorisch angeboten wird, sodass für jeden Typ etwas dabei ist. Darauf bauen Smartphones!

Für den einen ist es wunderbar, wenn er mit einer Lernkartei arbeiten kann. Wenn Ihnen die Lernkartei nicht so liegt, dann könnten Sie Ihren Lernstoff aufs Diktiergerät sprechen – und immer wieder abspielen. Viele visuelle Typen wissen genau, wo die Vokabel auf der Karteikarte oder im Schulbuch steht, ob oben, unten oder in der Mitte, fettgedruckt oder farblich markiert. Das sind Dinge, die diesem Lerntyp helfen, sich zu erinnern, und die sollten dann auch zusätzlich genutzt werden. Wieder andere lassen sich von Eltern oder Freunden abfragen oder brauchen Musik. Was es auch ist, folgen Sie Ihrer Neugier, entdecken und holen Sie sich, was Ihren Lernprozess unterstützt.

Es gibt Untersuchungen[1], die beweisen, dass Lob und Anerkennung – statt Kritik und das Aufzeigen von Fehlern – sich positiv auf uns Menschen auswirken. Die eigene Haltung und Einstellung hat große Auswirkungen auf uns und unseren Erfolg.

Wie Lernen gelingt
1. Der Lernstoff sollte in eine Geschichte eingebettet sein – egal, ob real oder fiktiv.

2. Die Lernsituation sollte mit positiven Emotionen (Lob, Ermunterung) verknüpft werden, sodass ein hohes Motivationsniveau erhalten bleibt.

3. Das Erlernte sollte – wann immer möglich – selbst erlebt, praktisch eingesetzt und angewandt werden.

4. Alle Lerntypen sollten durch den Einsatz verschiedener Sinnesreize gleichermaßen angesprochen werden.

5. Wiederholungen sollten über einen längeren Zeitraum eingeplant werden (siehe Seite 61).

6. Während des Lernens sollte die Aufmerksamkeit voll und ganz beim Lernstoff sein, dann ist der Weg vom Kurzzeitgedächtnis ins Langzeitgedächtnis kürzer.

„Wie lange soll ich denn lernen? Wie oft wiederholen?" – diese Frage wird mir oft gestellt. Jeder Mensch tickt ein wenig anders, doch als Faustregel gilt:

Sie beginnen mit drei Minuten MAT-Training (= Mentales Aktivierungstraining, siehe Seite 12 und 52). Das bringt Ihre grauen Zellen in Schwung, sodass Sie in der anschließenden Lernphase ideal arbeiten können.

Die Lernphase dauert dann 25 Minuten.

---

[1] Markus Hofmann: Hirn in Hochform. So funktioniert Ihr Gehirn. Ueberreuter Verlag, Wien: 2006

Anschließend wiederholen Sie das Gelernte über 5 Minuten. Und dann machen Sie Ihre wohlverdiente Pause von ebenfalls 5 Minuten mit Schlüssel- und Stichwörtern.

Eine Pause einzulegen ist wichtig! Ihr Gehirn braucht diese Ruhe, um anschließend wieder aktiv arbeiten zu können.

Mit Apps lernen

Beim Schreiben dieses Buches habe ich festgestellt, dass ich inzwischen Apps sammle wie früher als Kind meine Fußball-Bildchen. Ja, ich gestehe, ich bin schon seit damals mehr Sammler als Jäger. Und ich bin riesengroßer Apps-Anhänger!

Die meisten Apps nutze ich vor allem beruflich und beim Reisen – dazu gehören die Apps der gängigen Fluggesellschaften, Hotelbuchungsportale, Taxi-Apps und die eines Carsharing-Unternehmens. Ich weiß gar nicht mehr, wie man früher Flugtickets gekauft und vor allem bekommen hat. Mit einem Fingertipp buche ich den Flug nach San Francisco und ordere mir ein Taxi. Der Fahrer kennt dadurch sogar den genauen Ort, wo ich stehe. Ist das nicht sensationell? Das nenne ich Fortschritt.

Natürlich habe ich die üblichen Kommunikations-Apps wie Facebook, XING, Skype und WhatsApp auch auf dem Smartphone installiert. Damit bin ich auf dem aktuellen Stand, was meine besten Freunde machen, und via Skype kann ich mit meinem Sohn von unterwegs mit Video telefonieren.

Sensationell für alle Eltern ist die Babyphon-App.

Alle meine Daten, die zu Hause auf dem PC sind, habe ich gleichzeitig auf dem Handy.

Apps machen auch Spaß: Mit der Musik-App kann ich alle Songs dieser Welt anhören. Für 10 Euro im Monat liegt mir die Musik-Welt zu Füßen. Mit dem Michelin-Guide finde ich in jeder Stadt die besten Restaurants. Dann kommen noch einige Spiele hinzu, wie ein Allgemeinwissenstest und FIFA 14. Mit der iLiga-App (Onefootball) bin ich fußballtechnisch immer auf dem aktuellen Stand. Auch ein paar Spiele-Apps für meinen Sohn sind mit dabei, wie die Geschichte von Rotkäppchen und die Lego-App (sehr hilfreich, vor allem bei langen Autofahrten).

Als alter Segler brauche ich natürlich auch die Windfinder-App, damit ich weiß, was mich auf hoher See erwartet – selbst wenn ich in München auf dem Trockenen sitze. Die Niederschlagsradar-App macht mich zum Hellseher, weil ich vorhersehen kann, um wie viel Uhr es in den nächsten sechs Stunden regnen wird. Manchmal gelingt mir die Vorhersage sogar auf die Minute genau. Allmächtiges iPhone! Die für mich persönlich genialste App-Funktion ist, dass ich mit meinem Smartphone oder iPad meine komplette Hausanlage steuern kann – das heißt Heizung, Licht, Jalousien, Fernseher, Beamer, Leinwand, Stereoanlage, Blue-Ray-Player und Radio.

Meiner Meinung nach eröffnen uns die Apps neue Dimensionen in alle möglichen Richtungen: Sie vereinfachen viele Lebensbereiche (wie zum Beispiel die Reise-Apps), unterhalten uns (beispielsweise die Spiele-Apps), manche können uns disziplinieren (das sind unter anderen die Abnehm- und Ernährungs-Apps) oder informieren uns (wie die zahlreichen News-Apps). Durch Apps können wir uns auch weiterbilden (zum Beispiel mit der Vokabel-App) oder sogar ein Instrument lernen.

Wir Menschen entwickeln uns weiter. Das ist Evolution. Wir wollen wachsen und Neues erreichen. Die digitalen Medien mit all ihren Möglichkeiten gehören da dazu. Sich dem Fortschritt entgegenzustellen ist sowieso unmöglich, ihn für sich optimal zu nutzen ist Pflicht. Deshalb versuche ich, die neuen Errungenschaften auch zur Entwicklung des Gedächtnisses optimal zu nutzen.

Das Schlüsselwort ist Neugierde! Sprich: offen für Neues zu sein. Wenn ich zum Beispiel höre, dass Mohammed übersetzt „der Gepriesene" beziehungsweise „der Gelobte" heißt, kann ich über Google und mein Smartphone sofort weitere Informationen recherchieren und somit meinen Wissensschatz vergrößern.

Oder ich unterhalte mich mit einem Freund über ein neues Auto. Da ich keine Vorstellung davon habe, wie es aussieht, kann ich mir über die Bildsuche sofort wortwörtlich ein Bild davon machen.

Dadurch, dass ich auf fast alle Informationen Zugriff habe, muss ich jetzt nur noch lernen, wie ich am besten suche und dieses Wissen auch behalte, damit ich später nicht nochmals nachsehen muss. Genau diese Lücke deckt das Gedächtnistraining ab! Genial, oder?

App sei Dank!

Was steckt eigentlich genau hinter diesem Wörtchen? Eine ganze Menge! App ist die Abkürzung für application. Das kommt aus dem Englischen und wird mit mehreren passenden Begriffen übersetzt – unter anderen mit Antrag, Bewerbung, Anmeldung oder Anwendung. Der Begriff „App" bezeichnet jede Form von Anwendungsprogrammen, insbesondere die für moderne Smartphones. Apps bezieht man über einen Onlineshop und installiert sie direkt auf dem eigenen Smartphone. Damit hat man quasi in einem Gerät immer alles dabei, was man braucht. Genial, diese kleinen Software-Teilchen, sie machen Smartphones zu Multifunktionstools!

Mittlerweile können die Apps wirklich fast alles: Es ist sogar möglich, sich auf den theoretischen Teil der Führerscheinprüfung vorzubereiten, eine neue Sprache oder das Singen zu erlernen. Aber wie sinnvoll ist das Lernen mit der App wirklich?

Es gibt eine Vielzahl an Apps, die das Lernen bestimmter Dinge erleichtern sollen. Für Schüler gibt es beispielsweise Nachhilfe- und Lern-Apps, die fächerbegleitend sein können. Für jüngere Kinder werden spielerische Lern-Apps angeboten.

Apps ermöglichen es, geschichtliche Zusammenhänge zu erkennen, das Kopfrechnen aufzufrischen, Fremdwörter und Vokabeln zu pauken oder in Biologie und Chemie aufzuholen. Es gibt sogar spezielle Apps, bei denen der entsprechende Lernstoff selbst erstellt werden kann.

Das Smartphone macht Schule

Es gibt inzwischen viele Beispiele, wie Smartphones sinnvoll in den Unterricht eingebaut werden können. In einer Schule in Singapur beispielsweise geben Schüler in den Klassenarbeiten ihre Ergebnisse per Bluetooth ab. Handys im Unterricht verbessern die Lernleistung von Schülern und wirken sich sogar positiv auf das Klassenklima aus. Das zeigte 2010 eine Studie der Fachhochschule St. Pölten (Österreich)[2]:

• Die Schüler beschäftigen sich aktiver mit dem Stoff.

• Im Klassenverband entstehen neue soziale Gruppen, die zusammen lernen.

Die Studie hat untersucht, wie Smartphones in den Lernalltag integriert werden können und welche Effekte sie auf den Unterricht haben. Die Ergebnisse zeigten: Die Schüler sind allein durch die Verwendung der Smartphones schon motivierter. Denn das mobile Gerät bietet die Möglichkeit, interaktiv sowie spielerisch zu lernen – und deshalb auch effizienter. In der beschriebenen österreichischen Studie

---

[2] Quelle: www.bildungsklick.de/a/73969/studie-zeigt-smart-phone-statt-schul-buch/

beschäftigten sich die Schüler interaktiv mit dem Lernstoff, indem sie Aufgaben mit dem Handy in virtuellen Gruppen lösten. Der Projektleiter FH-Prof. Grischa Schmiedl[3] vom Institut für Medieninformatik erklärte:

„Jugendliche sind heutzutage Digital Natives. Das heißt, sie sind mit dem Internet aufgewachsen und können daher mit neuen Medien oft besser umgehen als mit analogen – wie zum Beispiel einem Lehrbuch. Dies sollte man sich auch in der Schule zunutze machen. Denn Smartphones erfüllen die wichtigsten Funktionen für das Arbeiten im Internet und werden im Gegensatz zu einem Laptop von Jugendlichen ständig und überall mitgenommen und angewendet. Das legt den Grundstein für mobiles Lernen und wirkt sich aktivierend und motivierend auf die Schüler und Schülerinnen aus."

Na, sind Sie jetzt auch neugierig geworden?

Reizüberflutung – Wie viel iPhone ist zu viel?

In unserer heutigen digitalen Informationsgesellschaft stehen wir selbstverständlich auch vor der Herausforderung, die neuen Medien maßvoll einzusetzen. Daher habe ich auch am Anfang dieses Buches Medienkompetenz zu einem wichtigen Thema gemacht. Wir müssen im 21. Jahrhundert mit Vielfalt und Komplexität umgehen. Denn im Rahmen unserer Möglichkeiten arbeiten wir immer schneller und tun zunehmend mehr Dinge gleichzeitig. Natürlich kommt da der Gedanke auf: Wann ist es zu viel? Wann setzt

Überforderung ein? Fakt ist: Parallele Anforderungen führen nicht zwangsläufig zur Überforderung. Was ein Mensch bewältigen kann, ist sehr individuell.

Der kanadische Hirnforscher Derrick de Kerkhove ist überzeugt davon, dass die Auslagerung von Wissen auf digitale Medien neue Kapazitäten für schnelleres Denken und Handeln freisetzt – und somit das Gedächtnis entlastet. Untermauert wird dieser Denkansatz durch Befunde des amerikanischen Gesundheitsinstituts NIH, die möglicherweise auf ein Multitasking-Areal in der Großhirnrinde hinweisen. Die Forscher fanden heraus, dass dieses Gehirnareal offenbar in der Lage ist, eine übergeordnete Prioritätenliste anzulegen, um verschiedene Aufgaben im Sinne des Multitaskings zu erledigen.

Ein weiteres Indiz dafür, dass die Forscher Recht haben, ist auch der kontinuierlich ansteigende Intelligenz-Quotient – der so genannte Flynn-Effekt[4]. Der Name geht auf den neuseeländischen Politologen James R. Flynn zurück. Der Flynn-Effekt besagt, dass der IQ seit Beginn des 20. Jahrhunderts in Industrieländern kontinuierlich um circa 3 Prozent pro Kopf angestiegen ist. Das heißt, die gemessene Intelligenz hat zugenommen!

[3] Grischa Schmiedl, Thomas Grechenig, Birgit Schmiedl: Mobile Enabling of Virtual Teams in School – An Observational Study on Smart Phone Application in Secondary Education. ICETC: 2010, Shanghai / China
[4] Psychological Bulletin, Vol.101, No. 2. American Psychological Association, Inc.1987. Seite 171-191

Wie das kommt? Die zunehmende Anpassung an die komplexere Medienwelt ist eine wesentliche Ursache! Denn die Fähigkeiten, abstrakte Probleme und visuelle Zusammenhänge zu erkennen, haben sich im vergangenen Jahrzehnt deutlich verbessert.

Gleichzeitig beruht der Flynn-Effekt auch auf den Fortschritten in den Bereichen Bildung, Ernährung und Gesundheitsversorgung. Also, wenn das mal nicht einer der wichtigsten, wissenschaftlich belegten Gegenbeweise schlechthin ist, dass uns mit Sicherheit keine „„Digitale Demenz"" droht ...

Volle Konzentration? Warum Aufmerksamkeit so wichtig ist

Konzentration ist nicht nur die höchste Form der Aufmerksamkeit, sondern auch die Fähigkeit, sich mit einer Aufgabe oder Sache über einen längeren Zeitraum auseinanderzusetzen. Zerstreutheit ist Konzentration auf etwas anderes. Dieser Satz ist nicht nur ein Trost für alle diejenigen, die oft unkonzentriert und deshalb mit sich unzufrieden sind, sondern entspricht den Tatsachen. Wir sind „zerstreut", wenn wir mehrere Dinge gleichermaßen im Kopf haben[5].

Zen-Buddhisten vergleichen das menschliche Denken gerne mit einem wilden Affen, der unkontrollierbar umherspringt und sich nur schwer zur Ruhe bringen lässt. In den Ruhephasen herrscht dann volle Konzentration. Wie lange diese jeweils dauern, ist jedoch verschieden. Dass es große individuelle Unterschiede gibt, stellten die Forscher des Aufmerksamkeitslabors des University College London[6] fest: „Manche Menschen verfügen über eine kleinere Aufmerksamkeitsspanne als andere." So lautet die schlichte Erkenntnis.

Wenn sich unsere Konzentration auf Sorgen oder bestimmte Probleme richtet, haben wir kaum noch Energie für andere Aufgaben zur Verfügung. Wir schweifen ab, werden leicht müde und lustlos. Unsere Aufmerksamkeitsspanne wird geringer – und unser kleiner Affe im Kopf wird hyperaktiv. Dann lassen wir uns durch kleinste Geräusche ablenken, schauen zwischendurch verträumt aus dem Fenster, unterbrechen unsere Arbeit ständig und ohne Grund, rutschen unruhig auf dem Stuhl hin und her und/oder spielen bei jeder Gelegenheit mit irgendwelchen Gegenständen oder mit den Fingern.

Immer mehr, immer schneller, alles zugleich – der Alltag im 21. Jahrhundert zehrt an unserer Aufmerksamkeit, weil wir über so viele Kommunikationskanäle verfügen. Wir sitzen am Steuer unseres Autos, lauschen den Nachrichten im Radio und tippen nebenbei eine Message in WhatsApp, wir telefonieren, während wir den Zebrastreifen überqueren und an unserem Coffee to go nippen ... Damit sind wir schon recht ausgelastet und gefordert.

---

[5] Vgl. www.unvergesslich.de/leser/items/konzentration-was-ist-das.html
[6] Quelle: www.zeit.de/2011/18/Aufmerksamkeit-Laborbesuch

Das Konzentrationsvermögen ist wie ein Muskel, es braucht zwischendurch auch einmal Entspannung, um wieder effektiv zu funktionieren. Denn jede Art von Konzentration führt zu geistiger und körperlicher Anspannung. Wer gestresst ist, kann sich schlechter konzentrieren. Wer entspannt ist, kann sich besser konzentrieren.

Doch wie bleibt man inmitten der Flut an Informationen, Nachrichten und Eindrücken nachhaltig konzentriert? Um dieser Frage nachzugehen, engagierte Microsoft die Harvard-Soziologin Danah Boyd[7], die die Auswirkungen digitaler Kommunikationswege und das Verhältnis zwischen privater und öffentlicher Aufmerksamkeit untersuchte.

Wir können uns in jedem Moment fast das gesamte Weltgeschehen liefern lassen – im Internet, am Smartphone, im Fernsehen und Radio. Auch hier kommt es wieder auf unsere Medienkompetenz an, zu der auch gehört, die bewusste Entscheidung zu treffen, worauf wir unsere Aufmerksamkeit richten wollen.

Wer die Wahl hat, hat die Qual! Wir müssen entscheiden, was davon wirklich wichtig ist, und Verantwortung für uns selbst übernehmen. Denn mentale Reizüberflutung hat auch Auswirkungen auf unser körperliches Wohl. Denn unsere Aufmerksamkeit ist nun mal endlich, eine limitierte Ressource. Man muss sie hegen und pflegen und ihr eine Auszeit gönnen, sonst riskiert man irgendwann

---

[7] Quelle: www.zeit.de/2011/18/Aufmerksamkeit

die neurologische Notabschaltung, den persönlichen Konzentrations-GAU, beispielsweise in Form eines Burn-outs, einer chronischen Erschöpfung oder einer Depression.

Je mehr Botschaften auf uns einstürmen, desto weniger Zeit steht für ihre Verarbeitung zur Verfügung. Der entscheidende „Flaschenhals" dafür ist unser Arbeitsgedächtnis – oder Kurzzeitgedächtnis!

„Information frisst Aufmerksamkeit" (Herbert Simon)

Das Arbeits- beziehungsweise Kurzzeitgedächtnis ist die zentrale Instanz in unserem Gehirn, die all jene Informationen in unserem Geist präsent hält, die wir im Moment benutzen und benötigen. Es regelt unsere Denkgeschwindigkeit, unsere Fähigkeit zum Fokussieren, zum Auswählen und Entscheiden ... Es lässt sich also durchaus mit dem Arbeitsspeicher eines Computers vergleichen.

Leider ist seine Kapazität aber begrenzt. Und nicht nur die Verarbeitung von Informationen, auch die Bewertung „wichtig" oder „unwichtig" bindet „Kapazitäten" in unserem Gehirn. Denn um eine störende Botschaft auszublenden, muss sie zunächst einmal als solche bewertet worden sein. Zudem ist das Arbeitsgedächtnis auch noch ziemlich störanfällig. Sie kennen das ja auch von Ihrem Rechner: Stürzt der nämlich ab, gehen all jene Informationen verloren, die sich gerade in seinem aktuellen und temporären Arbeitsspeicher befinden – was auf der Festplatte gespeichert ist, bleibt erhalten. Ähnliche Folgen kann es haben, wenn sich in unser bereits ohnehin ausgelastetes Bewusstsein plötzlich eine unerwartete Information einschiebt: Kaum klingelt das Handy und lenkt uns ab, ist der gerade noch gegenwärtige Geistesblitz gelöscht.

Dabei ist das Fassungsvermögen des Arbeitsgedächtnisses individuell sehr verschieden: Manche Menschen können mehr, andere weniger Dinge gleichzeitig im Kopf behalten. Ihre eigenen Grenzen haben Sie vermutlich schon in einigen Übungen in diesem Buch erfahren? Das klassische Beispiel ist die Einkaufsliste: Drei, vier Produkte können Sie leicht behalten, je mehr auf Ihrer Liste steht, desto schwieriger wird es, sich alles – ohne Merktechnik! – zu merken.

Sind die eigenen Kapazitätsgrenzen erreicht, das Fassungsvermögen ausgeschöpft, dann kann es passieren, dass man die Post aus Versehen ins Kühlfach legt und die Butter in den Ofen stellt.

Was diese Zusammenhänge gerade so spannend macht, ist die Tatsache, dass das Arbeitsgedächtnis auch für Selbstbeherrschung und Willenskraft zuständig ist. Psychologische Experimente[8] haben nämlich gezeigt: Je größer die Kapazität des Arbeitsgedächtnisses ist, umso leichter fällt es Versuchspersonen, ihr Verhalten zu kontrollieren und etwa dem Drang nach Süßigkeiten zu widerstehen oder dem Wunsch, hemmungslos Geld auszugeben.
Wird umgekehrt das Kurzzeitgedächtnis stark gefordert, belastet das auf Dauer die Willenskraft. Denn diese lässt sich – wie das Wort „Willenskraft" schon sagt – mit einem

[8] Ebda.

Muskel vergleichen, der nur über begrenzte Spannkraft verfügt. Überdehnt man ihn, verliert man den Blick fürs Wesentliche.

Oft belasten wir unser Arbeitsgedächtnis gerade dann am stärksten, wenn wir besonders viel Willensstärke benötigen, um etwas Wichtiges zu erledigen und gleichzeitig Ablenkungen zu widerstehen.

Also merken Sie sich unbedingt, öfter einfach mal innezuhalten – und zu entspannen! Das kann ein kurzer Blick aus dem Fenster, eine Musikpause (CD einlegen und lauschen), eine Massage oder eine Laufrunde zwischendurch sein. All das lässt Sie auftanken und entspannen. Probieren Sie es aus: Ihr Arbeitsgedächtnis wird es Ihnen danken!

Gedächtnisbildende Maßnahmen

Was können Sie tun, um Ihre Konzentration zu erhöhen und Ihre Willenskraft zu stärken? Die freudige Botschaft für Sie ist: Sie haben dazu mehrere Möglichkeiten!

Zum einen können Sie versuchen, der ständigen Reizüberflutung und den Konzentrationsstörfeuern zu entkommen. Wie? Indem Sie sich nur auf eine Sache konzentrieren und potenzielle Störelemente konsequent abschalten. Sprich: Handy aus, E-Mail deaktivieren und keine Musik. Das entlastet das Arbeitsgedächtnis und lässt Sie aufmerksamer bleiben, um den Blick für das Wesentliche zu behalten. Was so simpel klingt, ist im Alltag gar nicht so einfach …

Zum anderen kann auch das genaue Gegenteil Erfolg versprechen: Das Arbeitsgedächtnis und die Willenskraft bewusst zu fordern und dadurch zu trainieren, schafft ebenfalls mehr Kapazität. Allerdings braucht das Gehirn dafür andauernde, wohl dosierte Herausforderungen. Die Trainingstipps, die ich Ihnen in den vergangenen Kapiteln vorgestellt habe und die Sie am Ende dieses Kapitels bekommen werden, sind ein effektiver Anfang.

Neurologen empfehlen das Lernen von etwas völlig Neuem! Ein Instrument, eine Fremdsprache oder Schachspielen fordern unsere grauen Zellen heraus.

Nicht der Wille allein, sondern echtes Interesse und bewusste Wahrnehmung sind ausschlaggebend. Nur wer bewusst wahrnimmt, sich „dafür" entscheidet, kann bewusst empfinden und denken, Informationen verarbeiten, sein Interesse an der Sache erhalten. Es ist die bewusste Wahrnehmung, die Ihre Aufmerksamkeit und Konzentration entscheidend beeinflusst.

Ein weiterer Punkt, der über unsere Konzentrationsfähigkeit entscheidet, ist unsere Einstellung. Negative Gedanken führen zu Konzentrationsblockaden, während positives Denken zu Gelassenheit, Entspannung und damit zu einem optimalen Gehirnaktivitätsmuster für ideale und maximale geistige Leistungsfähigkeit führt.

Es ist also egal, womit Sie beginnen, es sollte nur auf alle Fälle etwas sein, wofür Sie „brennen".

Die Frage ist also: Was wollen Sie wirklich? Eine komplexe Frage. Haben Sie sich diese erst einmal selbst beantwortet, wird sich Ihre Aufmerksamkeit ganz von allein auf dieses bestimmte Ziel ausrichten und definieren, was wirklich wichtig für Sie ist.

Aufmerksamkeit ist eine Währung, die Gold wert ist.

Der Begriff „Aufmerksamkeit" bezeichnet die individuelle Fähigkeit, sich auf wichtige Aspekte konzentrieren und irrelevante Dinge ausblenden zu können. Sie hängt nicht nur von der bewussten Verarbeitung von Informationen im Arbeitsgedächtnis ab – sondern auch davon, wie ausgelastet die Sinneskanäle sind. Zu dieser Erkenntnis kamen die Forscher des Aufmerksamkeitslabors des University College London[9]. Werden die Sinneskanäle mit Eindrücken überfrachtet, sind sie irgendwann voll und weitere Reize dringen gar nicht erst ins Arbeitsgedächtnis vor. Das ist positiv für den Einsatz digitaler Medien beim Lernen, denn:

Bezieht sich die Reizflut auf die zu bewältigende Aufgabe, ist das Gehirn kaum mehr in der Lage, an anderes zu denken. Diesen Effekt, so die Londoner Forscher, könne man zum Beispiel im Schulunterricht nutzen: Es reiche oft, das Unterrichtsmaterial visuell aufwendiger zu gestalten, um bei Zerstreuten mehr Konzentration zu erreichen. Deshalb sehen die wissenschaftlichen Präsentationen des Aufmerksamkeitslabors wie überladene Comiczeichnungen aus,

---

[9] Quelle: www.zeit.de/2011/18/Aufmerksamkeit-Laborbesuch

gespickt mit bunten Bildern, Sprechblasen, Pfeilen, Verweisen, Blödeleien. Da bleibt man dran.

Das alles sind auch Gestaltungsmöglichkeiten, die sich besonders gut über die Alleskönner Apps transportieren lassen. Genau darin liegen für mich deren Faszination und Reiz verborgen.

Passwörter generieren

Wie Sie sich Zahlen merken, das wissen Sie bereits aus Kapitel 3 [siehe Seite 63]. Jetzt fehlt Ihnen nur noch die Komponente „Buchstaben erinnern", um selbst top-sichere Passwörter zu genieren – und auch zu behalten. Das geht fast noch einfacher. 26 Grundbuchstaben hat unser Alphabet. Also haben Sie nur 26 Bilder, die Sie sich merken müssen.

Beim Passwörtergenerieren gilt: Je kryptischer, desto MERKwürdiger!

Sie haben natürlich verschiedene Möglichkeiten, das ABC zu visualisieren und mit Symbolen zu verknüpfen. Eine davon ist das Tieralphabet.

Das Tieralphabet

A = Affe
B = Bär
C = Chamäleon
D = Dachs
E = Elefant
F = Fisch
G = Giraffe
H = Hund
I = Igel
J = Jaguar
K = Krokodil
L = Luchs
M = Maus
N = Nilpferd
O = Otter
P = Pferd
Q = Qualle
R = Reh
S = Schlange
T = Tiger
U = Uhu
V = Vogel
W = Wal
X = Echse. Echse für X? Ja, genau. Schreibt man zwar nicht mit X, hört sich aber so an.
Y = Yak
Z = Zebra

Nun gilt es natürlich zuallererst, diese ABC-Liste zu üben und auswendig zu lernen. Dabei ist das Smartphone eine super Unterstützung. Benutzen Sie die Sprachaufnahme-Funktion, nehmen Sie sich selbst auf, während Sie das Tieralphabet aufsagen, und hören Sie sich die Aufnahme dann immer wieder an. Denken Sie dran, somit machen Sie den Lernstoff erfahrbar und verschiedene Sinne sind involviert. Sie haben kein Smartphone oder Aufnahmegerät? Dann nehmen Sie Papier und Bleistift.

Praktische Umsetzung: Passwörter ausdenken

Die meisten Passwörter, die man fürs Internet braucht, müssen bestimmte Kriterien erfüllen. Zumindest ist eine Kombination von Buchstaben und Zahlen vorgeschrieben. Die einfachste Methode dazu funktioniert so:

Denken Sie sich einen beliebigen Satz aus, in dem Buchstaben und Zahlen vorkommen – zum Beispiel:

Passwörter **b**rauchen **m**inimal **s**echs **B**uchstaben **u**nd **z**wei **Z**ahlen.

Jetzt schreiben Sie sich die Anfangsbuchstaben hintereinander auf:

Das Passwort lautet **Pbm6Bu2Z.**

Benutzen Sie das Tieralphabet und die Einhorn-Liste, um sich die Buchstaben und Zahlen zu merken. Die Kleinschreibung verdeutlichen Sie dadurch, dass sie das Tier „verniedlichen" oder ihm eine Farbe zuordnen.

Überlegen Sie sich eine passende Geschichte, die mit dem Kontext zu tun hat. Wenn Sie, wie in unserem Beispiel hier, sich also das Passwort zu einem Online-Buchhändler einprägen möchten – Pbm6Bu2Z – dann könnte diese wie folgt lauten:

Vor der **Buchhandlung** traf das **Pferd** einen **kleinen Bären** und eine **winzige Maus,** die sich über ein **Sixpack** hermachten. Die **Bären**mutter schaute gerade nicht hin, weil sie einen kleinen **Uhu** aus dem Band einer **Medaille** befreien wollte, das eigentlich dem **Zebra** gehörte.

In Kombination mit Farben, damit Sie sich Groß- und Kleinschreibung besser einprägen können, hört sich die Geschichte dann so an:

Vor der **Buchhandlung** traf das **Pferd** einen **braunen Bären** und eine **graue Maus,** die sich über einen **Sixpack** hermachten. Die **Bären**mutter schaute gerade nicht hin, weil sie einen **roten Uhu** aus dem Band einer **Medaille** befreien wollte, die eigentlich dem **Zebra** gehörte.

Kinderleicht: 300 Vokabeln an einem Tag!

Kinder können bis zu dreihundert Vokabeln an nur einem Tag lernen! Bis zu ihrem 12. Lebensjahr haben Kinder die genetische Fähigkeit, Sprache(n) „kinderleicht" zu erlernen. Ich möchte Ihnen nun zeigen, wie Sie das auch wieder erlernen können. Wenn Sie dann in ein fremdsprachiges Land fahren, lernen Sie zuvor in drei Tagen den Grundwortschatz von acht-, neunhundert Vokabeln auswendig. Das ist überhaupt kein Problem. Damit beherrschen Sie 85 Prozent der Wörter, die Sie ständig brauchen werden – den Alltagswortschatz eben. Im Englischen geht das besonders gut. Der britische Sprachwissenschaftler Charles Kay Ogden[9] erfand bereits 1937 das Basic English: Es umfasst 850 englische Vokabeln. Wenn Sie die beherrschen, so Ogden, können Sie in dieser Sprache alles ausdrücken, was Sie im Alltag sagen möchten.

Wenn Sie eine Sprache erlernen, dann lassen Sie zu Beginn den Firlefanz mit Vergangenheitsform, Zukunft, Konjunktionen und so weiter weg. Lernen Sie stattdessen Grußformeln, Substantive und Verben: gehen, Bäckerei, Metzgerei, schlafen, auf Wiedersehen, haben und sein ... Das können Sie sich alles in drei Tagen aneignen.

Die Vokabel-Technik

Ihr jeweiliger „Briefkasten" bei der Vokabel-Technik ist ein deutsches Ersatzwort. Das ist der ganze Zauber. Denken Sie daran, Ihre Bilder und Briefkästen MERKfähig zu machen, verwenden Sie also Assoziationen, Emotionen, Übertreibungen, Groteskes und alles, was Ihre Sinne anspricht.

1. Beispiel: das deutsche Wort „schmollen".
Schmollen ist der Ausgangspunkt meiner Mini-Geschichte und somit auch der Briefkasten. Ich frage mich: Wer schmollt mich an? Dann kommt die englische Übersetzung ins Spiel: to grizzle. Nun brauchen Sie ein ähnlich klingen-

des Ersatzwort aus dem Deutschen. Was klingt ähnlich wie „to grizzle"? Das erinnert doch sofort an einen Grizzlybär, oder? Also machen Sie ein Bild daraus: Der Grizzlybär schmollt mich an. Sie visualisieren einen schmollenden Grizzlybären und haben damit in diesem Bild alle Informationen, die Sie brauchen, um sich an die Vokabel zu erinnern.

2. Beispiel: Schwimmbrille.
Schwimmbrille heißt auf Englisch „goggles". Ich beginne wieder mit dem deutschen Wort. Das ist der Start meiner Geschichte, mein Briefkasten. Also: Wer hat eine Schwimmbrille auf? Nun finden Sie ein deutsches Ersatzwort für „goggles", das ähnlich klingt wie das englische Wort. Die Süddeutschen haben es jetzt ein wenig einfacher: Der Gockel. Der Gockel starrt mich durch eine Schwimmbrille an. Wenn ich jetzt zu jemandem auf Englisch den Satz sagen möchte: „Reich mir bitte die Schwimmbrille", muss ich mir vor allem das Wort „Schwimmbrille" bewusst in Erinnerung rufen, die anderen sind meist geläufig. Innerlich stelle ich mir die Frage: „Wer hat eine Schwimmbrille auf?" – natürlich der Gockel, was mich dann zu „goggles" bringt. Somit lautet der Satz: Please, hand me over the goggles.

Es geht also um eine lautmalerische Übertragung. Bei einigen Vokabeln werden Sie freudig aufhorchen: Sie rufen sofort eine deutschsprachige, lautmalerische Entsprechung hervor.

Beispiele aus anderen Fremdsprachen
cher – das ist das französische Wort für teuer. Und cher klingt wie … Schere! Jetzt müssen Sie sich eine Schere

vorstellen, die mit Diamanten besetzt und extrem teuer ist. Sie fragen sich also, was ist das Teuerste, das Sie besitzen? Eine Schere! Somit wissen Sie, teuer heißt auf Französisch – cher.

Panza – ist das spanische Wort für Bauch. Was lassen Sie ganz entspannt über Ihren Bauch fahren? Natürlich einen Panzer. Ein wenig die Bauchmuskeln anspannen, dann klappt das schon. Somit heißt der Bauch auf Spanisch – panza.

Lametta (italienisch) heißt übersetzt Rasierklinge. Mit einer Rasierklinge schneide ich das Lametta in gleich lange Streifen. Lametta – Rasierklinge.

Mein Tipp für Sie: Mehr Informationen und Übungen dazu finden Sie auf meiner Website, unter: www.unvergesslich.de

Vielen Dank für Ihre Aufmerksamkeit und Ihren Willen, dazuzulernen! Sie leisten damit einen entscheidenden Beitrag für Ihre eigene mentale Fitness – und gegen das Vergessen. Bleiben Sie dran und haben Sie Spaß mit den Übungen in diesem Buch. Der Erfolg kommt mit der Anwendung! Das garantiere ich Ihnen.

Nachwort: Total digital?

Sie wissen jetzt, nach Lektüre dieses Buches, dass Sie Ihr Gedächtnis trainieren können wie einen Muskel. Dank der zahlreichen praktischen Übungen in den einzelnen Kapiteln haben Sie gelernt, wie Sie Gedächtnistraining in Ihrem Alltag anwenden können. Das ist eine solide Basis für Ihre Zukunft, zu der ich Sie ganz herzlich beglückwünsche. Sie übernehmen damit Verantwortung für sich und Ihre mentale Fitness. Mein großes Anliegen mit diesem Buch ist es außerdem, Ihnen die Angst vor einer angeblich drohenden „digitalen Demenz" zu nehmen. Denn wie Sie ebenfalls in diesem Buch erfahren haben, tötet Angst jegliche Kreativität. Wer ängstlich an eine Sache, sei es nun neuer Lernstoff, eine Sportart oder ein Smartphone, herangeht, blockiert damit von Anfang an ein spielerisches Entdecken, Erfahren, Herangehen und Lernen. Damit unterdrücken Sie den in uns Menschen genetisch angelegten natürlichen Spieltrieb, der uns spielend leicht Neues adaptieren lässt.

All die Behauptungen zu den angeblich negativen Auswirkungen des Internets und der Digitalisierung bauen auf Angst. Das gilt auch für die Vermutung, dass ein routinemäßiges Einsetzen von Navigationssystemen zu einer schlechteren räumlichen Orientierung führt ... Objektiv und auf Basis des aktuellen wissenschaftlichen Forschungsstandes haben das die beiden Wissenschaftler Markus Appel und Constanze Schreiner untersucht. Nach dem jetzigen Stand ihrer Forschungen führt die zunehmende Internetnutzung durchschnittlich weder zu weniger sozialem Austausch noch zu einem geringeren gesellschaftlichpolitischen Engagement. Genauso sind intensive Internet-nutzer auch nicht einsamer als Menschen, die das Internet kaum nutzen. „Die alarmistischen Thesen von Spitzer und Co. haben wenig mit dem wissenschaftlichen Kenntnis-stand zu tun", so Appel (Professor für Medienpsychologie).[1]

Was die digitalen Entwicklungen angeht, dürfen Sie Ver-trauen in sich selbst haben, dass Sie einen sehr gesunden Menschenverstand und ein gutes Gefühl dafür besitzen, was für Sie gut und was für Sie zu viel oder überflüssig ist. Total digital – so lautet die Devise. Denn statt zu verdum-men, lernen wir Kinder des digitalen Zeitalters mehr als die vorangehenden Generationen! Aktuelle Studien haben gezeigt, dass Computer, Smartphone und Internet unseren Wissenszuwachs positiv beeinflussen, weil sie sämtliche Anforderungen der unterschiedlichen Lerntypen abdecken.

Wenn ich einen Blick in die Zukunft werfe, sieht das vor-aussichtlich so aus: Mein Sohn feiert im Jahr 2030 seinen 20. Geburtstag und lacht über Begriffe wie Smartphone & Co. Längst ist das Multiphone angesagt. Man hat nur noch einen Knopf im Ohr und kein Gerät mehr in der Hand. Mich wird immer stören, dass Menschen dann permanent aussehen, als ob sie Selbstgespräche führen. Mein Sohn wird mich damit aufziehen, wie wir „damals" mit Smartpho-nes überleben konnten. Die hielten doch nicht mal einen Tag durch, ohne dass der Akku leer war. Durch die hohen

[1] Markus Appel und Constanze Schreiner: Digitale Demenz? Mythen und wis-senschaftliche Befundlage zur Auswirkung von Internetnutzung. Psychologi-sche Rundschau, 65 – 2014.

Bandbreiten und den Ausbau von Speichermedien gibt es immer weniger Probleme bei der Erreichbarkeit und mit großen Datenmengen, die unterwegs abgerufen werden können. „Digitale Demenz" hat es geschafft, sich als Begriff durchzusetzen – als Unwort des Jahres 2025. „Bist wohl digital dement", tönt mein Filius süffisant, wenn ich mal wieder etwas vergessen habe – ja, das passiert mir auch als Gedächtnistrainer. Und immer dann, wenn ich die Information nicht richtig in meinem Kopf verankert und gespeichert habe. Ein ständiger Prozess. Üben, üben, üben und bewusst Informationen aufnehmen und verarbeiten – das wird 2030 wichtiger denn je, auch wenn die Technik hilft. Vor allem im Bereich Bildung ist vieles anders. Schon im Kindergarten gehört aktives Gedächtnistraining zum Alltag der Kinder, spielerisch umgesetzt. In der Schule ist Lernen lernen mittlerweile ein Schulfach und Gedächtnistraining ein wesentlicher Teil davon.

Allerdings gilt mehr denn je: Man muss lernen, sich abzugrenzen, nicht zu transparent zu sein, Datenschutz ist neben Klima und Arm-Reich-Schere das große Thema, mit dem mein Sohn aufwächst und umgehen können muss. Mentale Fitness ist wichtiger als je zuvor. Wer sein Hirn im Griff hat, kann die Vorteile des Systems und den Zugriff auf das Weltwissen voll ausschöpfen. Aber auch mein Sohn braucht davon regelmäßig eine Auszeit. Es gibt nicht erst im Jahr 2030 einen großen Gegentrend zur Virtualität. Man verabredet sich online, weil die Welt leider noch schneller geworden ist, reist weniger – aufgrund neuer Video-Konferenz-Techniken, trifft sich aber ganz oft persönlich. Freunde, keine Facebook-Fans, und Familie steigen weiter in der

Wertschätzung. Cocooning ist der Megatrend. Mein Sohn wird sich aber nicht darauf verlassen, dass er ohne Smartphone nicht mehr einkaufen oder arbeiten kann. Ich bin Experte für Gedächtnistraining.

Ohnehin: Was in der digitalen Globalisierung immer wichtiger wird, sind Werte an sich. Es ist mehr denn je an den Eltern, diese zu vermitteln. Wenn Sie die Übungen in diesem Buch beherzigen, sind Sie und Ihre Familie fit für die digitale Zukunft. Denken Sie mit, noch besser, denken Sie neu.

Dazu möchte ich Sie feierlich einladen. Sie dürfen selbstbewusst und voller Selbstvertrauen in Ihre eigenen Fähigkeiten in die digitale Zukunft blicken!

Danksagung:
Ich möchte mich vor allem bei Silke Kirsch, Südwest-Verlag, bedanken. Ihre unglaublich positive, unkomplizierte und herzliche Art und der Glaube an dieses tolle Buchprojekt und mich, machen sie zu einer „unvergesslichen" Person in meinem Leben. Vielen Dank! Außerdem wäre dieses Buch nicht ohne die Unterstützung von Boris Udina, Isabella Kortz und Gertrud Teusen möglich gewesen. Danke euch drei von ganzem Herzen. Danke auch Michael Rossié, meinen Keynotern: René Borbonus, Cristian Galvéz, Slatco Sterzenbach und Bernhard Wolff. Danke an Susanne Veit und natürlich meinen beiden Lieben: Monika und Alexander. Ihr seid die Größten!